创未来

——“互联网+”时代的商业创新与创意变革

马勇伟◎著

CHUANG
WEILAI

北京工业大学出版社

图书在版编目（CIP）数据

创未来："互联网+"时代的商业创新与创意变革 / 马勇伟著. —北京：北京工业大学出版社，2016.8

ISBN 978-7-5639-4774-4

Ⅰ.①创… Ⅱ.①马… Ⅲ.①互联网络—应用—企业管理—研究 Ⅳ.① F270.7

中国版本图书馆 CIP 数据核字（2016）第 161141 号

创未来——"互联网+"时代的商业创新与创意变革

著　　者：马勇伟
责任编辑：付春怡
封面设计：久品轩
出版发行：北京工业大学出版社
（北京市朝阳区平乐园 100 号　邮编：100124）
010-67391722（传真）　bgdcbs@sina.com
出 版 人：郝　勇
经销单位：全国各地新华书店
承印单位：大厂回族自治县正兴印务有限公司
开　　本：787 毫米 ×1092 毫米　1/16
印　　张：17.5
字　　数：211 千字
版　　次：2016 年 8 月第 1 版
印　　次：2016 年 8 月第 1 次印刷
标准书号：ISBN 978-7-5639-4774-4
定　　价：42.00 元

序　言

互联网浪潮铺天盖地袭来，大多数传统行业受到了冲击。不少企业在危机中冷静思考，认识到了互联网浪潮是大势所趋，于是积极向互联网转型，用互联网思维武装自己。那些积极转型的企业不仅避免了被淘汰的命运，还获得发展的新机，开拓了发展的空间。

这是一个你不淘汰竞争对手，就会被竞争对手淘汰的时代，摩托罗拉、诺基亚、柯达被淘汰了，难以绝处重生，无法摆脱被收购的命运，告别了昔日的辉煌。

与其让竞争对手淘汰，不如积极地改变自我。腾讯为了避免被对手淘汰，在内部培育出微信来超越QQ，不仅没有造成损失，还使腾讯迎来了发展的第二个春天。

这是一个很难确定竞争对手的时代，有时甚至你根本不知道竞争对手究竟在哪里。中国移动与联通、电信竞争多年，当微信横空出世，中国移动才恍然大悟，原来自己真正的对手是腾讯。微信带给用户免费语音、免费信息服务，令移动的收费短信、通话业务受到了极大的冲击。

这是一个告别“一招鲜，吃遍天”的时代，只依靠一个产业很难做大做强，企业必须布局自己的产业链，才能不断壮大。苹果就是依靠电脑、智能手机、平板电脑这样的全产业链，才能持续发展；BAT（中国互联网公司三巨头，指百度、阿里巴巴和腾讯）都积极发展自己的产业链，从而获得了发展的巨大动力。

布局企业的产业链，是互联网时代提升企业综合竞争力的撒手锏。电商领域新兴的京东、唯品会、聚美优品等目前都难以与阿里巴巴的淘宝、天猫商城抗衡，百度"有啊"、腾讯"拍拍"面对阿里巴巴的强大攻势，不是死掉了，就是半死不活。显然，阿里巴巴的电商竞争力超级强大。阿里巴巴已经打通了线上线下，已经打通了从制造到批发再到零售的整个电商产业链，所以阿里巴巴成为电商行业的龙头。阿里巴巴打通电商的产业链，获得了超强的竞争力，高瞻远瞩地看到了企业走产业链发展道路是大势所趋，积极布局自己的金融产业链、物流产业链，用支付宝连接起网购和金融，用物流支持网购，让阿里巴巴的电商越来越强大。

近年，随着国家对文化产业的日益重视，阿里巴巴不甘落后，开始加紧布局自己的文化产业链，先后购买文化中国60%的股权、恒大足球俱乐部50%的股权。购买文化中国后，成立了阿里影业，向影视文化产业进军。之后，阿里巴巴成为BAT三巨头中第一个入驻中国最大的影视基地横店的互联网公司。至此，阿里巴巴的文化产业链布局基本完成，接下来便可好好享受文化产业链带来的丰厚收益。

阿里巴巴是BAT三巨头中布局文化产业链比较晚的一个。百度早已布局了自己的文化产业链，它旗下的爱奇艺已经跻身视频行业发展最迅猛的企业，并实现了自制自销。腾讯先期开发了自己的文化产业腾讯游戏，腾讯游戏成为腾讯的主要收入来源，反哺QQ，支持了腾讯房地产产业链、金融产业链的发展。BAT三巨头通过布局产业链获得了持续的发展和超强的竞争力，成为互联网浪潮中的商业领军者，引领着越来越多的企业朝着产业链方向发展。

BAT三巨头是国内的第一代互联网企业，如今他们没有一点儿衰退的迹象，仍然朝气蓬勃地发展，并在互联网领域继续破浪前行。这表明，企业要在互联网浪潮中不被淘汰，并成为时代的弄潮儿，发展产业链势在必行，刻不容缓。

本书通过十一种互联网思维，即用户思维、免费思维、跨界思维、大数据思维、社会化思维、平台思维等，帮助企业布局自己的产业链，增强企业的综合竞争力，同时辅以大量典型的、实用的案例。本书没有枯燥的理论，而是把理论融入真实生动的案例之中，通俗易懂，阅读轻松，而且便于操作，具有很强的指导性，适合任何层次的读者阅读、借鉴。

本书在编写的过程中参考、借鉴了近年来国内外权威的、指导性强的互联网专著，还参考、吸收了互联网的前沿理念、最新资讯，使本书具有时代特色和很强的前瞻性。在此向这些专著、资讯的作者深表感谢！此外，由于编者水平有限，书中难免存在不足和疏漏，望广大读者不吝赐教。

目　录

第三章 互联网思维改变传统产业

第四章 创新、创意、创未来

第五章 企业的核心价值就是大数据

第六章 没有族群，就没有企业

第七章 众筹天下，筹人筹智筹钱筹未来

第八章 把握媒体营销的新动向

第九章 未来20年，产业风口在哪里

第一章

昨日的商业帝国，今日为何风光不再

互联网时代是充满创意的时代。马云曾豪迈地说：“要让天下没有难做的生意。”他创办的互联网企业淘宝网，成为中国最大的网络零售平台。淘宝网的发展威胁到了全球最大的零售商沃尔玛，令沃尔玛一度陷入经济的严冬。手机鼻祖摩托罗拉、影像巨人柯达、手机巨头诺基亚等传统商业帝国，在互联网的浪潮中，因产品缺乏创意、向互联网转型缓慢，不仅失去昔日的风光，甚至还被新兴的互联网企业淘汰。

内外交困，中外企业频频遭遇滑铁卢

互联网的浪潮席卷整个国内市场，让传统的企业措手不及，让新兴的互联网企业获得了迅猛的发展，并把传统的企业远远地甩在了后面。互联网时代是一个需要思维创新、激发创意的时代，传统的企业要想不被互联网浪潮所吞噬，就需要在产品设计、营销方式、产业结构、售后服务等方面积极地进行创新，从而适应互联网的时代潮流，否则只能接受淘汰，甚至遭遇滑铁卢的命运。经济形势不断发生变化，商业环境也是如此，企业无时无刻不面临危机和挑战。互联网思维像飓风一样席卷了传统的企业。百度公司董事长李彦宏曾在微博上说，中国互联网正在加速淘汰传统产业，每一个产业现在都面临互联网的冲击。百度是成功运用互联网思维的企业，百度在搜索引擎领域独占鳌头，谷歌、搜狗、360等优秀的搜索引擎一直无法战胜它。百度稳固地位的法宝在于它有自己的创意：致力于培养用户对产品的使用习惯。

互联网像潮水一样涌入传统企业的阵地，让传统企业面临前所未有的挑战，而那些不懂得变革、不能快速做出反应的企业，很快就会被淹没。只有那些顺应互联网潮流的人，才能高瞻远瞩，看到互联网经济时代的整体形势，并做出理智的分析，清醒地认识到只有适应互联网，才能为企业注入创新的血液，才能促进企业发展，才能扩大企业的市场，才能帮助企业提高利润空间。

互联网时代传统企业如果不懂转型，不懂创意，就会被淘汰。自古以来，商场如战场，优胜劣汰。企业只有适应经济环境才能生存下来，不能适应经济环境就会被市场和社会淘汰。全球的传统企业在互联网时代遭遇重重打击，内部利润微薄，外部竞争激烈。久而久之，很多企业陷入内外交困之中，有的甚至破产。

俗话说，船小好调头。越是规模大的传统企业，在互联网的浪潮中所受的冲击越大，转型也越慢，严重者甚至还没来得及转型就沉没了。

传统的手机老大诺基亚，由于固守原有的经营模式，缺乏创新思维，在互联网的浪潮中无力起死回生，最终被微软收购，从此销声匿迹。世界上最大的影像产品公司柯达，不懂创意，导致产品价格昂贵，受到便宜的新兴数码技术的冲击，2012年被迫申请破产。美国摩托罗拉公司的工程师马丁·库帕是第一部商业化手机的发明者。摩托罗拉致力于手机技术的创新，成就了它昔日的手机行业的龙头地位，但是在互联网的浪潮中，摩托罗拉忽视了用户的个性化需求，不能为用户提供创意产品，与用户渐行渐远，最终被谷歌收购。百代唱片是全球五大唱片公司之一，被誉为“音乐帝国”，在互联网的数字音乐模式中，不懂创意，没有转型，再也显示不出它的优势，逐渐衰落，走上了被花旗集团收购的命运之路。瑞星曾靠成功的营销方式连续9年蝉联杀毒市场第一，在进入互联网免费杀毒时代，不愿意变革，在营销方式上也缺乏创意，在360免费杀毒软件袭来的时候，才被迫开启免费杀毒模式，但已经失去商业先机，最终元气大伤，终究不得不采用互联网免费杀毒模式。全球最大的传统零售商沃尔玛，在互联网潮流袭来的时候没有积极地创新经营模式，遭遇互联网的致命狙杀，2013年遭遇关店潮。传统的电器销售企业国美在零售电器行业称霸二十余年，在2012年互联网商战中遭遇了滑铁卢，霸主地位被新兴互联网零售电器企业京东夺去。这些企业付出的代价是惨痛的，令人深思。

在2010年的时候，如果你问我到哪里去买手机、买电脑、买电视，我会不假思索地告诉你"到国美"。国美电器价格实惠，质量有保证，门店分布广泛，售后服务周到又方便，成为人们购买电器的首选。彼一时，此一时，电器行业进入互联网时代，市场重新洗牌。

国美电器在国内一直是电器领域的龙头企业，在发展的过程中取得了辉煌的成就。2004年、2005年国美电器分别荣获中国连锁经营企业第二名、第三名，并蝉联家电零售业第一名，在近20年的发展历程中，精心塑造了"成本控制专家"、"消费行家和服务专家"、"谦虚的行业领袖"等品牌形象，曾经摘得"中国家电零售业的第一品牌"的桂冠。这个被无数光环所包围的传统电器企业，在互联网浪潮中却感到应接不暇。

国美电器这个耀眼的传统电器明星，在互联网的浪潮中，被新型的互联网电器企业京东超越了。在京东默默无闻的时候，国美电器创造了连续十年的利润高速增长业绩，一直到2011年，年利润依然高达十亿元。但是，到了2012年，已上市的国美电器财务报表显示亏损。这是国美电器有史以来第一次宣布亏损，从此国美告别了零售电器业的霸主地位。国美电器的广大市场被互联网电器企业京东占据了。如今，京东取代了国美，成了零售电器市场的大赢家。

传统的零售电器企业国美电器在互联网的浪潮中陷入困境，被新型的互联网零售电器企业京东狠狠地打败了，失去了零售电器企业中的龙头地位。国美遭遇滑铁卢，最大的原因在于其经营模式没有及时创新。京东在互联网时代腾空出世，得益于它在经营模式、配送政策、售后服务等方面进行了创新。国美被京东打败，那些传统的企业或多或少得到了警示，认识到企业不懂创新就会死亡。在互联网浪潮中，手机“老大哥”诺基亚被充满创意的苹果、小米等互联网手机企业淘汰了，退出了手机行业的舞台。诺基亚在手机市场的大战中遭遇滑铁卢，犹如警钟长鸣，令无数的传统企业家清醒地认识到：如果不顺应互联网的时代潮流，不去创新企业的结构，企业的产品缺少创意，营销方式缺乏创意，就会走上诺基亚的老路。

传统企业面临的困境

01 人口红利消失

02 原材料价格上涨

03 企业利润空间越来越小

04 生存空间越来越小

人口红利消失，原材料价格上涨，企业的利润空间越来越小，生存空间越来越小。传统企业面对种种困难，如果不懂得变革，就会像温水中的青蛙，慢慢失去生机和活力，当醒悟过来时，为时已晚。

互联网浪潮已经席卷各个行业，互联网思维已经渗入社会的各个领域，经济和商业领域受到互联网的冲击颇为明显。那些传统的集团或企业，在互联网经济浪潮中，还用传统的商业模式经营企业，还不懂满足消费者的个性化需求，还不去设计充满创意的产品，这就犹如开着汽车在海中行驶，怎能不被浪涛吞没呢？怎么可能避免市场竞争中的滑铁卢？

那些还存活的传统企业，只要积极地顺应互联网经济形势，就会找到突破口；只要积极地了解用户的需求，积极地研发有创意的产品，就会赢得消费者的青睐；只要积极地探寻传统企业转型互联网经营模式的出路，就逐渐会适应互联网的经济环境。这样一来，传统企业就可以完成蜕变，华丽转身，获得发展的商机。

摩托罗拉：一步赶不上，步步赶不上

进入21世纪，互联网的浪潮已经涌入了社会的各个领域，无论是商业，还是生活、学习都与互联网产生了紧密的联系。很多企业运用QQ、微信、电子邮件与客户交流、办理业务；很多人在唯品会、淘宝、京东上买衣服，到团购网订餐，甚至在网上买车。商业领域受到互联网浪潮的冲击最强烈。我们最熟悉的手机行业，在互联网的冲击下竞争格局发生了翻天覆地的变化，手机鼻祖摩托罗拉退出了手机行业的历史舞台，黯然谢幕，从消费者的视野中渐渐消失。

商业进入互联网时代之后，哪个企业不懂与用户互动，哪个企业不懂得搞创新，就会与互联网的商业环境格格不入，久而久之，就会被互联网经济淘汰、被用户抛弃。如果一件商品没有用户来买单，它的价值就无法实现，企业就无法获得利润。企业长期不能获得利润，就会撑不下去，就要面临倒闭。人们不得不敬佩摩托罗拉在技术上追求极致的精神，但是摩托罗拉却忽视了产品设计上的创新，不能满足用户对手机的个性化需求，从而疏远了用户。互联网时代是一个得用户者得天下的时代，而摩托罗拉对此的认识慢了半拍。

摩托罗拉的领导者并不是没有嗅到互联网商业的味道，只是他们低估了互联网发展的速度，他们以为互联网的发展如潮水缓缓上涨，而现实是互联网的浪潮滚滚而来，所到之处无不受到影响。

摩托罗拉在手机方面的技术创新以及取得的诸多专利，并没有帮它挽留住用户，也没有保住自己在手机行业中的霸主地位，最后甚至连立足之地都没有了。这样的结局，主要是因为摩托罗拉对市场的反应太慢。

摩托罗拉的工程师是第一部商业化手机的发明者。摩托罗拉曾经是无线通信行业的领导者，它将手机变成了人们的左膀右臂，成为人们生活中离不开的必需品。摩托罗拉是如何做到的呢？摩托罗拉凭借在手机技术方面的不断创新，曾经占据移动通信行业的半壁江山。

摩托罗拉有很强的手机技术实力，它的无线电通信技术、天线技术和调频技术一度都是遥遥领先的，水平是世界上最高的。所以摩托罗拉的手机信号稳定又强大。以前，人们经常看到关于摩托罗拉手机信号强的报道，比如，某旅游团的客车在一个偏僻的地方出现故障，无法行驶，游客都拿出自己的手机紧急求救，最后只有摩托罗拉手机能打通电话。然而，尺有所短，寸有所长。摩托罗拉过分注重手机的技术和品质，把手机技术和品质推向了极致，但是它在商业灵活性方面却表现不佳，不能及时地回应互联网浪潮带来的商业剧变和用户需求，导致自己的手机市场和用户逐渐被诺基亚、三星夺走，利润逐年下滑。

摩托罗拉的品牌形象很好。我最早接触摩托罗拉的移动通信产品是在二十世纪九十年代初，一些海关的朋友自豪地跟我说，他们手中的摩托罗拉对讲机很实用，可以在钢铁包围的轮船货舱里和岸上的同事清楚地通话，这是其他同类产品根本做不到的。

可惜摩托罗拉在数字技术上慢了半拍。摩托罗拉的领导者预料到数字信号手机未来会完全取代模拟信号手机，但是不愿意接受这样的现实。摩托罗拉在第一代移动通信上获得了巨大收益，因为不想自掘坟墓，它不愿主动放弃优势，并且主观上要延长模拟手机的存在期限，企图延迟数字手机的普及步伐。如果摩托罗拉过早地放弃模拟手机，就等于放弃了已经挖掘出来的金矿，重新开发新的矿脉。与多数大公司一样，在摩托罗拉公司内部也是最挣钱的部门嗓门最大，最有话语权。摩托罗拉开发数字手机的部门没有模拟手机部门挣钱多，受模拟手机部门压制，虽然数字手机研发并不落后，但是进展缓慢。当各个竞争对手推出各种各样小巧的数字手机时，摩托罗拉才意识到自己慢了半拍。

当然，那时候摩托罗拉如果下定决心要在数字手机上击败竞争对手并不是难事，以其技术和市场优势赶上这“半拍”如探囊取物。然而，它长期致力于以技术为首的模拟手机，形成了唯技术论的经营模式，认为外观、方便性不重要。积重难返，它很难适应新的市场竞争。进入数字电子技术占统治地位的时代，不同的厂家所生产的手机产品在技术上的差距微乎其微，用户不再以单一的技术作为自己选择某个品牌的标准。相反，在外观、可操作性、功能等非技术方面的创意反而比技术创新更重要。摩托罗拉却忽视了这些方面，而它的竞争对手却擅长在外观、功能上搞创新讨好用户，抢走了用户。摩托罗拉很长一段时间不能盈利，最终难以翻身，走上了被收购的道路，被彻底淘汰。

摩托罗拉被自己曾经的辉煌所羁绊，不愿果断放弃模拟手机的市场，不肯大力开拓数字手机业务。俗话说，亡羊补牢，为时不晚。当各种小巧的数字手机出现在手机市场上的时候，摩托罗拉意识到自己落伍了。但是，它依然紧握着模拟手机不放，没有及时地调整公司的产业结构，没有把数字手机调整为公司的主要业务。市场就像时间一样，从来不会等待你，你不去追赶，就会被远远地甩在后面。最终，摩托罗拉被互联网手机企业夺走了手机市场。

摩托罗拉对移动手机的贡献不容置疑，但是在互联网的时代，它却失去了蓬勃向上的生命力，失去了核心竞争力，丧失了手机行业的霸主地位。摩托罗拉慢了半拍，却不努力追赶；摩托罗拉一味追求技术，忽视了在产品外观、使用便捷方面发挥创意。摩托罗拉与手机市场越行越远，与用户越行越远，被手机新秀苹果夺走了饭碗，成了一名没落的"贵族"，最终被谷歌收购，不得不接受被淘汰的命运。

沃尔玛：严寒的冬天来了

进入互联网时代，如果一个人不会运用互联网、不懂得与人互动，就out（落伍）了；如果一个企业不懂得与供应商互动，就会遭遇原料匮乏、成本高居不下的困境；如果企业不懂得与用户互动，就不能了解用户的需求，就不能为用户创造价值，产品就会缺乏创意，就会导致产品滞销、无法实现利润，从而面临资金压力，使企业遭遇经济的“寒流”。世界上最大的传统零售商沃尔玛在互联网的浪潮中发展受阻，销量剧降，进入了经济的严冬。

互联网的浪潮冲击着所有的传统企业，令传统的企业都面临严峻的挑战。互联网对所有的企业进行了重新洗牌，改变了许多传统明星企业的市场地位。在零售业中，沃尔玛（中国）失去了昔日的销量第一的位置，而淘宝网赢得了零售销量第一的位置。

在互联网浪潮中，淘宝网乘风破浪，在零售行业领域，淘宝网的营业额超过了沃尔玛（中国）。随着电脑网络的普及，年轻的消费者有越来越多的机会上网，尝试网络购物，并且体会到网络购物的便捷。年轻的网络购物者推动着中国网络购物市场的发展，中国互联网购物市场正在成为挑战传统商业的一股重要力量。淘宝网经过几年的发展，年销售额超过了传统的零售商易初莲花（中国）、北京王府井百货集团和沃尔玛（中国）。淘宝网的兴起，表明电子商务已经成为主流销售方式，越来越多的人在网上购物，而且购物范围也越来越广，在网上购买服务和日常生活用品成为主流。淘宝网紧跟互联网的潮流，并不断在商业模式上发挥创意，设计了"简单、安全、快速"的支付宝，并采用多样化的支付方式。淘宝网旨在为用户提供全面完整的购物解决方案。淘宝网不断发挥创意，乘着互联网的东风，获得了举世瞩目的成就，令昔日稳坐零售业第一把交椅的沃尔玛感到前所未有的压力。

沃尔玛遭遇互联网的挑战，受到了致命的打击，为了维持正常的经营，在中国减少了几十家的门店，被业内人士称为"沃尔玛关店潮"。

随着互联网经济的不断发展，零售商正在经历着一场严峻的考验。由于人工成本、店面租金的上涨，以及网络零售业在价格上的挑战，自2013年10月起，全球最大的零售商沃尔玛在中国启动门店调整计划，在未来一年半的时间里，整顿业绩不良的门店，计划在中国市场关闭15至30家门店。沃尔玛（中国）在2013年就关闭了14家门店。仅仅2014年3月份，就关闭6家门店。沃尔玛关店速度创下了传统零售行业之最，被商业界称为"沃尔玛关店潮"。

沃尔玛是全球最大的传统零售商，以"低价正品"的品牌形象和为消费者提供贴心服务著称，一直居世界500强的前三名。成绩如此辉煌的传统大企业，正处于中国经济高速发展的时代，却进入了经济的严冬，面临关店潮。这究竟是为什么？

专家研究发现，沃尔玛进入经济严冬，与互联网的影响密切相关。

阿里巴巴和京东等互联网企业的飞速成长，迫使传统零售企业遭遇关店潮，除了全球最大的零售商沃尔玛以外，国内很多传统零售商也遭遇关店潮。在沃尔玛进入经济的寒冬之时，人们却发现阿里巴巴和京东这些电子商务公司发展迅速，各项业务蒸蒸日上。

沃尔玛的销量受挫，还与中国年轻一代的消费习惯有关。中国年轻的消费者已经成为消费的主力军，他们重视品牌，重视时尚，并愿意为此慷慨解囊，他们对低价的产品的理解是“不够档次”，而不是“划算”。于是导致传统零售业的销量剧降。眼下，电子商务和互联网服务行业不仅满足了年轻用户的需求，而且已经成为一种不可抗拒的发展趋势。如果传统的企业不想被互联网淘汰，就要向互联网企业转型，快速加入互联网行业。传统企业银泰百货加入了互联网行业，和阿里巴巴进行合作，取得了很好的发展。传统的企业只有果断、快速地向互联网转型，才能获得生机，才能走出经济的严冬。

沃尔玛除了要积极向互联网企业转型，还需要在产品、营销等方面发挥创意，努力满足年轻用户的个性化需求。

赢商网独家：2013年沃尔玛内地关店门店一览

品牌名称	拓展动态	关店时间	所在省市	入驻项目（或地址）	开业时间
沃尔玛	关店	4月8日	江苏无锡	无锡红星路阳光购物广场	2006年
	关店	4月8日	上海闵行区	上海闵行区沪闵路	2003年
	关店	4月20日	广东深圳	深圳园岭店	2002年9月26日
	关店	7月20日	安徽合肥	合肥市黄山路店	2011年6月2日
	关店	11月20日	江苏淮安	江苏淮安店	2009年1月16日
	关店	11月22日	江苏连云港	江苏连云港建国路店	2011年11月25日
	关店	11月28日	安徽合肥	合肥长江路店	2005年8月
	关店	11月29日	浙江绍兴	浙江绍兴上虞江扬路店	2010年1月18日
	关店（好又多）	11月30日	四川成都	成都中天店	1999年
	关店（好又多）	12月18日	广东广州	广州前进路店	1999年
	关店	12月18日	山东青岛	青岛城阳海都国际	2010年11月25日
	关店	12月19日	河南洛阳	洛阳景华路店	2007年12月18日
	关店	12月30日	福建泉州	泉州刺桐分店	2005年3月5日
	关店	12月30日	江苏昆山	昆山城区凯德广场的二三层	2008年9月11日

沃尔玛如果积极向互联网转型，就不会像诺基亚那样被淘汰；沃尔玛如果还犹豫不决，就会为自己迟钝的市场反应付出沉重的代价，甚至被淘宝网等互联网企业彻底淘汰。那些在互联网浪潮中彻底覆灭的传统企业警示尚且存活的传统企业，仅有向互联网转型的想法是远远不够的，缓慢的转型也不能助企业走出经济的严冬。互联网时代的发展是突飞猛进的，市场从来不是一个耐心的等待者，这就要求企业快速向互联网转型，迅速适应市场，避免被淘汰出局。

互联网企业飞速发展，对传统企业来说，不是补充，而是颠覆。各行各业已经悄悄开始洗牌。沃尔玛失去了第一零售商的宝座，经济进入寒冬。像沃尔玛一样正在遭遇经济寒流的传统企业需要积极、快速、果断地向互联网企业转型。传统的企业向互联网转型需要分两步走。首先，积极利用已有的互联网平台，接收巨大的流量、分享稳定的用户资源。但是，互联网平台上的企业很多，竞争压力很大。企业接着要投资建设自己的电子商务网站，解决竞争压力大的问题。但是自建的网站，前期很难拥有足够的流量和稳定的用户。所以，传统的企业向互联网转型既要利用互联网平台，又要自建网站，才能迅速成长为互联网企业，才能与时俱进，获得蓬勃发展。

柯达：倒下的影像巨人

这个世界无时无刻不在变化，人们的大脑分分秒秒都在思考，随时都会激发出智慧的火花，让这个世界创意无限。世界的不断变化，对于与时俱进的人来说是大好时机，对于安于现状、故步自封的人们来说是一种灾难。

互联网就是人们不断进行创新而摸索出来的一种新的科技潮流，它能促进经济的繁荣，能够为用户带来实实在在的便利，能够为用户降低生活成本，能提高用户的生活质量，能够使用户花最少的钱享受到高质量的服务。于是，互联网受到了用户的热烈欢迎，得到了充满创意的人士的认同。那些有预见性、顺应互联网时代潮流的人感觉机遇来了，迎来了发展的春天。那些故步自封的人和企业渐渐进入寒冬，而影像巨人柯达成了其中的代表。

进入互联网时代，各行各业都积极在产品、营销、设计、产业结构等方面进行创新。在相机行业中，一些企业开始积极地进行创新，努力寻求降低产品成本的途径，企图给自己带来更好的发展机遇。佳能积极寻找创意，终于在数码相机方面得到了突破，为企业节约了资源，为用户节省了成本，给自己带来了巨大的财富和机遇。佳能等公司在数码产品方面开疆拓土，严重威胁柯达的发展，使柯达胶卷销售受挫。柯达高层意识到数码产品的威力，才开始向数码产品的方向发展，但是柯达已经被新型的数码相机企业远远地甩在后面。经过六年的苦苦挣扎，柯达还是无力回天，被迫向纽约证券交易所提出破产保护申请。

柯达的辉煌被互联网潮流卷走了。柯达胶卷曾经给人们留下了无数美好的瞬间，却在互联网时代被数码产品淹没。柯达终究没能改变自己的命运。尽管今天的数码相机在照相效果上仍然不如柯达胶卷，但是数码相机却让照相的成本大大降低，实现了人们随时捕捉美丽瞬间的需求。一般情况下，产品要盈利，就要符合普通消费者的收入水平，让消费者心甘情愿地埋单。柯达的衰落，最重要的原因就是它的成本一直很高。

作为世界上最大的影像产品及相关服务的生产和供应商，柯达的贡献和成就是引人瞩目的。柯达头上的光环很多，它是胶卷的研发者，它制造出了第一台供非专业人士使用的相机，它被称为感光行业的第一品牌。柯达曾经创造出一系列辉煌成绩，风光无限。

在胶卷时代，柯达曾是绝对的王者，占据了全球2/3的市场份额，地位相当于今天手机中的苹果或搜索引擎方面的谷歌。

走下坡路的柯达，遭到了各种的冷遇。柯达股价曾连续30天低于1美元，受到了纽约证券交易所的退市警告。柯达进入了发展的严冬，6年来只有1年盈利，资金压力空前巨大。这个影像产业曾经的霸主，因为在互联网的浪潮中没有快速转型，没有努力进行产品创意，最后被无情地淘汰了。在互联网的经济浪潮中，企业发展犹如船舶在大海中航行，不进则退。落后就要挨打，落后就会灭亡。柯达衰落了，被新型的数码企业佳能、索尼等打败了，最后走上了灭亡的道路。

柯达这个影像巨人衰落的教训，警示着无数的企业，要持续发展就要积极顺应时代潮流，要积极转型，要积极进行创新。

柯达破产了，柯达倒下了，而那些柯达的忠实粉丝却对柯达怀念不已。数码产品在价格上击败了柯达，但在影像效果上无法达到柯达的水准。这是影像爱好者心中的痛，柯达的粉丝为此更加怀念柯达。

柯达的粉丝于先生无法从脑海中抹去柯达胶卷。柯达胶卷伴随着于先生度过了多年的拍摄时光。于先生读美术学院的时候，因为上摄影课要经常练习拍照片，他每个周末都到照相器材批发市场去购买好几个牌子的胶卷。因为学习的需要，他对胶卷非常了解。当时胶卷市场有柯达、富士、柯尼卡、爱克发和乐凯这五个知名品牌，其中柯达名列第一。于先生读大学的时候，正是柯达的辉煌时期，其价格也最高。于先生清楚地记得柯达负片（民用胶卷）一卷售价约18元，而同类型的乐凯胶片价格只有柯达的二分之一。因此，他常常买比较多的乐凯、富士等其他品牌的胶卷，来拍日常作业。他用少量的柯达胶卷拍摄高品质的摄影作品，在举起相机时都会考虑好背景、角度和光线再动手，尽量一次成功。因为浪费了胶卷太可惜，毕竟柯达胶卷很昂贵。即使这样节省，于先生一个学年也要用60多卷柯达胶卷。于先生认为，虽然价格高，但是只有柯达的胶卷才能达到高质量的拍摄要求。他非常喜欢用柯达的黑白胶卷来拍照片，认为其成色和感光度是别的胶卷无法达到的。可见，柯达的优势确实突出，这也是它能以高价格，在胶卷行业中"唯我独尊"的资本。

虽然柯达对摄影工作者、爱好者的贡献很大，但是它还是被互联网时代的数码产品击败了，被时代淘汰了。柯达的倒下是由于对行业的发展变化反应迟钝，向数码产品的过渡速度太慢，导致还没有转型就死掉了。柯达的倒下启示企业家，要对市场的变化做出灵敏反应，要积极快速地应对新的经济形势，更应该努力在产品等方面寻求新的创意。

数码产品最大的优势就是不用买胶卷、拍摄成本低。你打开数码相机可以想拍什么就拍什么，再也不用担心胶卷会被曝光废掉，再也不用小心翼翼地为一个镜头而费尽心思，琢磨半天，从而大大节约了人们拍摄的时间。进入互联网时代，人们之间的距离拉近了，企业之间的合作密切了。企业领导需要与客户沟通，可以足不出户地坐在办公室，打电话、发视频，就能完成业务。互联网降低了人们的生活、工作成本，节约了人们的时间，也让人们认识到互动的价值和进行创新的必要。柯达之所以被新兴的数码企业打倒，就是由于它没有及时地与互联网接轨，没有与消费者互动，没有进行产品的创新。

柯达渐渐消失在时光隧道之中，但是它轰然倒下的事实已经被定格，成为无数企业的前车之鉴。柯达的倒下时刻提醒眼下的企业要与时俱进，要顺应互联网的潮流，要与用户随时互动，了解用户的需求，要在产品上进行创新，提高产品的实用性和价值，从而让用户毫不犹豫地埋单，形成一种皆大欢喜的局面。企业的产品只有得到消费者的认可，才能让企业实现利润，才能让企业不断积累资金，获得持续的发展。

诺基亚：昔日手机巨头的衰落

互联网的浪潮来临之时，很多传统的企业受到了巨大的挑战，也意识到向互联网思维转型的必要性，但是由于危机感不强，转型的步伐缓慢，最终还是被互联网时代的新兴竞争对手淘汰了。苹果、小米这些新兴的智能手机企业，淘汰了很多传统的知名手机企业，比如手机技术过硬的摩托罗拉，也使得曾经手机市场份额第一的诺基亚一蹶不振。

诺基亚这个昔日的手机巨头，总部位于芬兰，它主要从事移动通信产品的生产，业务遍及全球。在手机没有问世之前，诺基亚最早的主要业务是造纸，后来开拓了胶鞋、电缆、轮胎等业务，并发展成为主要业务。在手机发明之后，诺基亚发展成了一家手机制造商，并在手机行业中发展得蒸蒸日上。从1996年起，诺基亚在手机市场的份额连续14年蝉联冠军。但是，诺基亚遭遇了互联网潮流的冲击，销量下滑。擅长互联网思维的手机新秀企业苹果、小米早已在商业模式上进行改革、创新，已经从传统的B2C（商家对客户）商业模式转向C2B（客户对商家）商业模式，并积极地尝试O2O（线上到线下）的商业模式，更加重视用户。苹果、小米等了解用户的需求，积极探索智能手机领域，研发新的操作系统，取得了很好的业绩。诺基亚全球手机销量龙头地位受到了威胁。终于，在2011年第二季，诺基亚的手机销售冠军被苹果夺走，三星手机的销量也超越了诺基亚。由于诺基亚高层的决策错误，诺基亚手机业绩持续下滑，财务不断亏损。2014年4月25日，诺基亚宣布完成与微软公司的手机业务交易，正式退出手机市场。

诺基亚的衰落，令无数诺基亚粉丝慨叹，也震惊了整个世界。诺基亚在手机操作系统上的创意赶不上消费者需求的变化，不能满足消费者的需求。它与微软合作开发的Windows Phone定位为智能手机的主要操作系统，并在该平台上对诺基亚处于市场领先地位的领域进行创意，如拍照功能等。但是，这并没有改善诺基亚的市场地位和销售状况。

诺基亚在互联网的浪潮中，被苹果、三星等手机企业击败，在手机市场中失去了连续十四年的销量冠军地位，继而被淘汰出局。诺基亚的衰落有以下三个主要原因。

诺基亚衰落的原因

01 市场嗅觉不敏锐，反应迟钝

02 在手机外观上不肯创新

03 思维僵化，不能与时俱进

第一，市场嗅觉不敏锐，反应迟钝。其实，诺基亚是智能手机的先驱，早在2002年，诺基亚就研发并发布了Symbian（塞班系统）的智能手机。在之后的五年内，诺基亚的这个系列的智能手机一直游刃有余地统领着智能手机市场。对于智能手机的后起之秀，诺基亚根本不放在眼中，特别是当苹果推出智能手机的时候，诺基亚抱着轻敌的心理，给了苹果很好的发展机会。苹果推出了iPhone手机，立即赢得了用户的喝彩，也震惊了整个智能手机领域，让人们大开眼界，看到了真正的智能手机。iPhone手机，凭借全触屏界面以及方便使用的操作系统，改写了智能手机的定义，也彻底颠覆了诺基亚智能手机的领军地位，此时诺基亚才意识到苹果iPhone智能手机的威力。但是诺基亚依然不肯在操作系统上根据用户的需求进行创新，依然坚持使用塞班系统。而此时，苹果为了巩固iPhone手机的地位，积极地发挥创意，推出App Store应用商店。苹果的步步为营，让诺基亚渐渐失去了翻身的机会。美国调查公司IHS高级分析师韦恩·兰姆表示："苹果向智能手机领域展示了真正的智能手机应该是什么样的，诺基亚对此反应过于迟钝，直到2011年才反应过来，如今他们正为当年的迟疑付出代价。"诺基亚对市场变化的反应迟钝，造成了它的失败，不得不面对被微软收购的结局。

第二，在手机外观上不肯创新。诺基亚的直板手机一直拥有稳固的市场，令其故步自封。21世纪初，美国手机市场掀起一阵翻盖式手机的潮流，许多手机企业顺应时代潮流，大力发挥创意，生产各种炫目的翻盖手机，借此抢占美国的手机市场，赢得消费者的青睐。然而，此时，诺基亚认为自己的直板设计已夺下全球三分之二的手机市场，没有必要推出翻盖式产品。诺基亚的这一错误认识，导致诺基亚手机在美国市场中近十年里毫无建树。

第三，思维僵化，不肯与时俱进地采用免费方便的Android（安卓）系统。iPhone横空出世，显示出塞班系统的落后。但是，诺基亚依然死守塞班系统不放，终于失去了先机。当谷歌宣布收购Android系统之后，塞班系统面临巨大的危机。当Android开始免费应用，每个手机商都有效地利用资源，积极采用Android系统。就连一直专注手机技术、无法走出困境的摩托罗拉，也尝试过Android系统，推出Android手机产品。然而，诺基亚仍然无法醒悟，固执地认为塞班不落伍。

诺基亚的出局，是它不能与时俱进、不能顺应互联网的时代潮流的结果。诺基亚失去了用户，因为它故步自封，不愿意在手机外观上发挥创意，不愿意设计翻盖手机产品，不能满足用户的个性化需求，终于被用户疏远。诺基亚死守自己的塞班系统、Windows Phone系统，不肯有效利用免费的资源，不肯采用方便实用的Android系统，最终被市场无情地淘汰，被苹果、三星等对手击败。

诺基亚这个曾经的手机巨头，被新兴的互联网手机企业苹果等超越了。诺基亚的衰落，警醒了无数的传统企业；诺基亚的出局，令无数的传统企业认识到发挥产品创意的紧迫感；新兴的互联网手机企业苹果等击败诺基亚，令无数的传统企业认识到向互联网企业转型的必要性。诺基亚的出局、苹果的胜出，已经向传统的企业敲响了变革的警钟，让传统的企业认识到再不快速向互联网企业转型，就会像诺基亚一样被淘汰出局。

第二章

曾经的草根小卒，正在演绎财富传奇

互联网让阿里巴巴从普通的民营企业华丽转身，成为国际化的大企业；让只有几个柜台和一个摊位的“小卒”企业京东迅速发展，成为电商领域的龙头企业；让唯品会公司仅仅三年就成为上市公司，成为一家专门做特卖的网站……互联网时代是一个超越与被超越的时代，是一个充满创意的时代，是一个变化迅速的时代，是一个演绎财富传奇的时代。阿里巴巴、京东、唯品会等新兴的互联网企业无不在演绎着自己的财富传奇。

今日的商界精英为何多是生面孔

互联网的大浪潮中，那些积极行动并发挥创意的人们，成为互联网经济浪潮中的弄潮儿。国内外涌现出一批优秀的互联网企业和杰出的企业家，令传统的知名企业家刮目相看，被无数的中小企业家推崇为互联网时代的精英。苹果手机的领导者乔布斯、阿里巴巴董事局主席马云、百度董事长李彦宏、腾讯CEO马化腾、奇虎360CEO周鸿祎、京东CEO刘强东、唯品会的CEO沈亚、小米科技CEO雷军是其中的佼佼者。

他们成为互联网时代的领军人物，创办了发展迅速、业绩辉煌的企业。他们头脑中时刻迸发出智慧的火花，无时无刻不在进行创新，不断学习、探索，与时俱进。在互联网的经济形势下，他们顺应时代潮流，不断地进行充满创意的探索，为用户提供更好的产品和服务，抓住了互联网经济的核心——提供更丰富的用户体验、为用户提供更多的免费资源。有付出就有回报，他们终于使自己的互联网公司获得了巨大的流量和稳定的用户，创造了互联网时代的财富传奇。

这些互联网时代的“大佬们”，不仅利用了互联网带来的大好商机，还挖掘了自己和团队的潜力，发挥了无限的创意，成为互联网时代冉冉升起的新星，打造了成功的新型互联网企业。互联网时代的“大佬们”，身上围绕着成功的光环，令无数的传统企业家刮目相看。

马云是互联网时代的财富精英。马云在出席2005年的《财富》全球论坛时曾对媒体表示：“中国充满了商机。企业要取得成功，需要立足中国，中国市场有很多机会，能抓住一个就好。”这正体现了马云的互联网思维。马云不仅是中国互联网企业家里的明星，更是世界互联网企业家里的新秀。

2014年9月19日，阿里巴巴在纽约证券交易所成功上市，创下了纽交所上最大的IPO（首次公开募股），震惊了整个华尔街。这一举动把互联网经济推向世界，把阿里巴巴推向世界，使世界的成功企业中多了一张新面孔——阿里巴巴，使全球的企业家中出现了一张新面孔——马云。阿里巴巴的成功上市，让世界上几乎所有的媒体、企业家和用户，第一次认识中国的互联网民营企业阿里巴巴，第一次认识富有传奇色彩的民营企业家、互联网企业家马云。

众所周知，马云人生的第一份职业是大学英语教师，因为一次到美国考察的经历，他接触了互联网。对互联网一窍不通的马云从此在朋友的帮助下认识互联网，看到了互联网企业的广阔前景。1995年，他创办了中国最早的互联网企业——杭州海博电脑服务有限公司，网站叫作中国黄页。中国黄页经过三年的发展，顺利盈利。马云不满足于此，他高瞻远瞩，凭借互联网的思维和富有创意的头脑，看到了互联网时代的更大的商机。他看到中国中小企业的艰难生存现状，立志要改变中国中小企业的现状，树立充满创意的目标“让天下没有难做的生意”，创办了电子商务企业阿里巴巴。正是这一充满创意的目标，让阿里巴巴这家民营企业逐渐壮大，成为国际化企业，让马云从清贫的教师华丽转身为中国互联网经济的领军人物，这一切都源自马云的敢想敢干。

互联网时代，悄悄对财富榜洗牌，经过洗牌，涌现出许多新面孔的商界精英。阿里巴巴的创始人马云在2014年胡润中国富豪榜中跃居中国首富。

2015年7月15日，中国互联网协会、工业和信息化部信息中心在北京联合发布2015年"中国互联网企业100强"排行榜（简称"2015互联网百强"）。阿里巴巴、腾讯、百度、京东、奇虎360、搜狐、网易、新浪、携程、搜房网位列2015年中国互联网百强榜前十位。

2015年中国互联网企业100强排行榜（前十位）

排名	公司名称
1	阿里巴巴集团
2	腾讯公司
3	百度公司
4	京东集团
5	奇虎360科技有限公司
6	搜狐公司
7	网易公司
8	新浪公司
9	携程计算机技术（上海）有限公司
10	北京搜房科技发展有限公司

这些新兴的互联网企业如雨后春笋般出现，令传统的企业黯然失色，令传统的企业家刮目相看。优秀的互联网企业都有一个公开的秘密，就是顺应互联网的浪潮，认为产品、服务、营销都要有创意，坚持“互联网+”创意的商业理念。

京东不是第一个做电商的、不是第一个做家电网络销售的，但它迅速地崛起了。互联网企业界都明白，京东模仿阿里巴巴的电商、国美和苏宁的业务，却并不知道京东还发挥创意，比如在物流方面，打造了属于自己的京东物流，开创了211限时达、定时达、极速达等配送服务；在支付方式方面，大胆地提供货到付款；在售后服务方面，推出7天无理由退货、售后上门取货等服务方式。正是京东的团队积极发挥创意，才让京东以不可思议的发展速度超越了传统的国美电器，成为卓越的互联网企业。

唯品会在特卖的基础上，进行了创新。众所周知，唯品会最初没有上市资质，并不被投资者看好，因为之前很多做特卖的网站都业绩平平，甚至以失败而告终。但是，唯品会成了通过做特卖取得成功的企业。唯品会的成功在于精耕细作地做特卖，在选择品牌、布料、款式、价格上都很用心。如何能做好特卖呢？唯品会的买手团队发挥创意，长期与知名品牌代理商及厂家互动，对市场动态了如指掌，对用户的喜好很了解；此外在营销上也发挥了创意，限时抢购、预约提醒，让用户不会错过每一次品牌特卖的盛宴。

小米科技在产品研发、营销、生产方面进行了创新，根据“米粉”的需求设计产品；营销上，采取预售方式、网络化营销；生产上，全部外包，小米没有自己的生产车间。小米在各个方面进行创新，最终节约了成本，降低了产品的价格，实现了高配低价的目标，为用户创造了巨大的价值，所以得到了用户的支持，迅速发展成为互联网手机行业的巨头。

互联网时代挑战更大，机会更多。要想成功，所有的企业要向这些新兴的精英互联网企业看齐。企业想壮大，既要顺应互联网的时代潮流，又要积极地发挥创意，为用户创造价值、创造惊喜，从而牢牢掌握用户这张王牌，成为互联网时代的佼佼者，令传统企业刮目相看。

阿里巴巴的全球奇迹

2014年9月19日，阿里巴巴在纽约证券交易所敲钟上市，创造了全球商业奇迹，阿里巴巴成为迄今为止美股最大IPO。阿里巴巴上市让全世界认识了阿里巴巴这张新面孔，让全球的商业人士对马云刮目相看。阿里巴巴的成功上市，震惊了华尔街，让人们零距离地认识阿里巴巴。阿里巴巴被商业界誉为中国最大的网络公司、世界第二大网络公司。阿里巴巴的成功上市，把互联网思维推向了全球，令无数的企业家看到了互联网企业强大的生命力和竞争力。

阿里巴巴的成功上市缔造了互联网商业帝国的奇迹，阿里巴巴成为国际化的互联网公司。阿里巴巴这家民营的互联网企业一跃成为全球著名的互联网公司。它的发展与互联网思维密切相关，与企业不断发挥创意息息相关。

阿里巴巴在发展的过程中，也遇到了巨大的挑战。阿里巴巴是一家企业对企业的网上贸易市场平台。发展初期遇到强劲的竞争对手易趣，阿里巴巴发挥创意，创办个人网上贸易市场平台、最大的零售网购平台淘宝网，并对卖家提供免费开店三年的优惠，这是之前的网站所没有的，是阿里巴巴创始人马云的大胆创意。事实证明，此创意赢得了淘宝网中小卖家的拥戴，促进了淘宝网的发展、壮大。在此创意实施后，淘宝网飞速发展，终于击败了竞争对手易趣网，成为零售网购的领导者，收获了巨额的财富。

免费正是互联网思维的一大特点。进入互联网时代，免费是提升竞争力的基础，如果互联网企业不懂得给用户提供免费的用户体验，刚涉足互联网就想挣钱，很难聚集巨大的流量，获得稳定的用户。没有流量，没有稳定的用户，互联网企业就犹如无水之鱼、无根之木，就会很快失去生机。在保证卖家的利益的同时，阿里巴巴不断进行创新，创办了支付宝公司，为客户提供安全交易服务。为了适应不断变化的互联网经济形势，阿里巴巴从来没有停止创新的脚步。阿里巴巴先后发挥创意，创办了一淘、爱淘宝、天猫、聚划算等，不断壮大阿里巴巴。经过十多年的发展，阿里巴巴这家民营网络企业终于成为国际化的互联网大企业。

阿里巴巴在美国上市时，也不忘发挥创意，就连敲钟人，都是经过精心选择的。

阿里巴巴于北京时间2014年9月19日晚9点30分在纽约证券交易所上市，阿里巴巴的敲钟人格外引人注目。这些敲钟人不是阿里巴巴公司的人，而是阿里巴巴的用户。

这八位敲钟人是两位网店店主、一名用户代表、一名快递员、一名电商服务商、一名网络模特、一名云客服，还有一名国外的卖家，他是美国的农场主皮特·维尔布鲁格，他通过天猫将自己果园里生产的车厘子卖到中国。

为何会选择如此独特的敲钟人？马云表示："阿里巴巴的今天，不是凭借某几项技术创新，或者几个神奇的创始人缔造出来的，而是由成千上万相信未来，相信互联网能让商业社会更开放、更公平、更透明、更应该自由分享的参与者们，同心协力投入了许多的时间、精力和热情建立起来的一个生态系统。"马云的言外之意是阿里巴巴的成就归功于大家的共同努力，是精诚合作的结果。

阿里巴巴喝水不忘挖井人，马云风光无限，却从未得意忘形，能够时刻清醒地认识到阿里巴巴的服务宗旨和使命。在成功的时候，马云不忘自己的支持者，让他们一起分享成功，见证成功。于是，出现了令人耳目一新的敲钟人队伍。阿里巴巴富有创意的敲钟人队伍，蕴含着感恩用户的情怀，也显示了马云长远的眼光，表示出对用户的重视。

阿里巴巴用互联网思维做企业，不仅给自己带来了巨大的财富、发展的机会，而且为自己的股东带来了巨大的财富。阿里巴巴在纽约证券交易所成功上市，创造了互联网时代的财富奇迹。

阿里巴巴在美国纽约证券交易所上市当天，开盘价92美元，批量创造了成千上万的富豪。

北京时间2014年9月19日晚，阿里巴巴顺利上市，开盘价每股92美元，远高于IPO的68美元价格。开盘后，阿里巴巴的市值飙升至2250亿美元，远远超过了2012年Facebook上市时创下的1900多亿美元的市值。

阿里巴巴股票一路飙红，使阿里巴巴的投资人、股东、持股人的身价暴涨。阿里巴巴董事局主席马云持股比例为8.9%，身价超过300亿美元，一跃成为2014年中国首富。董事局执行副主席蔡崇信是阿里巴巴集团第二大个人股东，持股3.6%，市值81亿美元。阿里巴巴的投资人、最大的股东、软银集团创始人孙正义持股34.4%，个人财富飙升至265亿美元，刷新了日本富豪排行榜，登上了日本首富的宝座。此外，陆兆禧、张勇等其他28位合伙人持有3%股权，价值约65亿美元，平均每人约2.21亿美元。

阿里巴巴让28名合伙人晋升到亿万富豪的行列，还使上万的员工摇身变为千万富翁。除了马云、蔡崇信和其他合伙人，阿里巴巴还造福了一批员工。预计阿里巴巴拥有股权的员工约11000人，上市后平均每名员工套现2591万元人民币。阿里巴巴一上市，就诞生了一万多名千万富翁。阿里巴巴创造了全球奇迹。

阿里巴巴的成功，使中国富豪榜经历了重新洗牌，马云成为2014年中国的首富。阿里巴巴的成功，实现了双赢，既推动了阿里巴巴的巨大发展，提升了创始人马云的名誉，还让许多投资者、股东获得了奇迹般的回报。阿里巴巴造就了28名亿万富翁，上万个千万富翁，创造了全球财富奇迹。

阿里巴巴在美国纽约证券交易所成功上市，成为阿里巴巴发展的里程碑，也成为中国电商发展的里程碑，无疑也是中国互联网时代的里程碑。阿里巴巴把互联网思维推向了全球，给无数的传统企业带来巨大的挑战，也给无数的传统企业带来了无限商机。相信阿里巴巴会继续引领互联网企业，发挥无限创意，继续创造震惊全球的商业奇迹。

百度：简单搜索，不必"众里寻他千百度"

只要会上网，无人不知百度，百度已经深入中国网民的心中。就连全球第一大搜索引擎谷歌来到中国也竞争不过百度，只能排在老二的位置。百度国内的竞争者很多，比如搜狐推出的搜狗，迅雷推出的狗狗，腾讯推出的搜搜，奇虎360推出的360搜索等，欲与百度在搜索引擎领域较量，经过多年的竞争，也没有撼动百度在搜索领域的龙头位置。如今百度依然稳坐搜索引擎行业的第一把交椅。

百度是全球最大的中文搜索引擎。百度之所以能在互联网时代获得如此大的成就，与其定位、创意分不开。百度是一家互联网企业，它的发展定位是搜索，并专注于搜索，所以它在中国的搜索引擎行业中一直名列第一。有人说，一辈子专注一件事，没有做不好的。百度除了专注于搜索，而且还以简单搜索为奋斗目标，以让人们最便捷地获取信息为使命。从而，让用户遇到问题时，不用为了答案，再"众里寻他千百度"了。正是致力于简单搜索，才使百度获得了众多的、稳定的用户，为百度奠定了创造财富的基础。

百度的创始人李彦宏看到了中国搜索引擎市场的空白，看到了中国互联网搜索引擎服务的巨大发展潜力，决定创办中文搜索引擎。于是，他毅然辞掉美国硅谷的高薪工作，带着搜索引擎专利技术，与徐勇一同回国。2000年1月1日李彦宏在北京的创业园区中关村创建了百度公司。百度以“简单可依赖”为核心价值观，致力于“让人们最平等、便捷地获取信息，找到所求”。百度迅速发展壮大，成长为中国乃至全球的影响力强大的互联网企业之一。经过五年的高速发展，百度在美国顺利上市，立刻成为该年度全球资本市场上最为耀眼的新星。通过数年来在搜索引擎市场的优秀表现，百度凭借优异的业绩与值得信赖的回报，成为中国企业价值的代表，傲然屹立于全球资本市场。百度又经过六年的发展，超过腾讯的市值，并在最近五年内，刷新了中国互联网企业市值的排名，百度跃居该排名的首位。

在发展的过程中，百度荣获2010-2011年度中国最具影响力互联网企业奖。2013年6月，受到阿里巴巴的青睐，阿里巴巴集团把集团下各个平台的客服电话接入百度搜索，同时阿里巴巴集团还将支付宝智能客服系统接入百度应用。

百度的成功，在于其清晰的市场定位，就是做搜索，做简单搜索，从而使用户轻松使用百度搜索，寻找自己所需要的信息。百度的简单搜索功能，吸引了众多的用户，从而为百度带来了巨大的流量、数亿的稳定用户，成为百度获得财富的源泉，使百度迅速积累了巨大财富，走向世界。

当你留意网站的名字，会发现很多知名的网站名字都很有创意，搜索引擎百度也不例外。百度的名字充满创意，李彦宏、徐勇在创办公司之初，就为他们的搜索引擎寻找拥有创意的名字。他们汲取中国的古典文化，找到宋代辛弃疾《青玉案》中的名句"众里寻他千百度"，从而为自己的搜索引擎找到了充满诗意、简洁的名字"百度"。百度的会议室也有一个充满文化创意的名字，叫青玉案。可见，百度从诞生之日，就扎根于中国文化的土壤中，就在发挥创意。百度是具有中国特色的搜索引擎，它顺应了中国的互联网的经济形势，获得了蓬勃发展。

作为一家互联网企业，百度对自己的网站LOGO（指商标或标志）进行了精心的创意。百度的LOGO"熊掌"图标，是百度公司设计部团队成员集体智慧的结晶。熊掌图标的创意来源于"猎人巡迹熊爪"的刺激，与李彦宏博士的"分析搜索技术"极其相似，最终成为百度的LOGO。百度熊也成了百度公司的标志。百度熊的LOGO标志，一直沿用了5年。百度公司觉得熊掌标志使用太久，曾经酝酿换标之举，设计了三款新的标志，让网民公开投票，结果很多网民投票选择了原有的熊掌标志。于是，百度不再更换已经令网民刻骨铭心的熊掌标志。但是，百度不光要使自己的产品实用，还努力给用户带来艺术美感。百度在节日LOGO方面，不断发挥创意，给用户创造美感和节日氛围。于是，百度向社会公开征选百度节日LOGO。

不知道各位用户是否注意到，每逢重大节日，百度都会推出特别的节日LOGO，不仅营造出一种节日的氛围，而且还给人们带来了新鲜感和美的享受。百度节日LOGO包括元旦、春节、情人节、妇女节、国际消费者权益日、清明节、劳动节、母亲节、儿童节、端午节、父亲节、七夕节、中秋节、教师节、国庆节、重阳节、光棍节、圣诞节LOGO等。这些节日LOGO设计充分体现节日气氛，并富有趣味、内涵、美感、创造性。

百度这些全新的节日LOGO，是向全国高校征选得到的，集众人的智慧。百度的节日LOGO，不仅要求创意够新，而且要求表现中国人的价值观和趣味。

百度在主要业务搜索引擎方面，发挥了创意。百度要做搜索，要做简单搜索，要让每一位网民轻松搜索。当你打开百度，就会看到百度熊的标志，就会看到“百度一下，你就知道”的广告词。的确，百度上我们可以找到很多答案，找到我们需要的很多信息。百度的简单搜索，令我们随时可以搜索自己想要的信息。百度的简单搜索，也培养了用户使用百度的习惯，谷歌中国、腾讯搜搜、奇虎360搜索都无法扳倒百度搜索。

百度搜索除了简单，还有便捷的特点。

每一位用户想搜索信息，只需要在百度的搜索框内输入需要查询的内容，敲回车键，或者用鼠标点击搜索框右侧的搜索按钮，就可以在瞬间找到相应的网页内容。百度搜索，就是这么简单！

当你亲身体验了百度搜索，你会由衷地说："百度搜索简单方便。"

百度做到了简单方便搜索，不断提升自己的服务，并做到了快速搜索，搜索到最佳的答案。正因如此，百度在搜索市场中获得了80%以上的份额，遥遥领先谷歌中国、腾讯搜搜，稳坐搜索引擎行业的大哥位置。

腾讯：通过互联网服务提升人类生活品质

提起腾讯，网民就会想起腾讯QQ，脑海中就会浮现出那只充满创意、可爱的企鹅图像。腾讯QQ是腾讯的经典产品，在年轻人中具有很大的影响力，伴随着年轻一代的成长，成为他们青春年华中一道美丽的风景。当QQ产品成熟的时候，腾讯为了满足不同层次、不同年龄用户的需求推出了QQ空间、QQ邮箱、QQ游戏、QQ农场等产品，每个产品都经过精心策划，充满创意，都给用户带来了价值，带来了快乐。当移动互联网来临，腾讯顺应潮流，推出了一系列的手机产品，当然首先是手机QQ，之后又推出了一款很火爆的互动产品微信，更加稳固了腾讯在互联网中的地位。如今腾讯网成为浏览量最大的中文门户网站，也晋升为四大中文综合门户网站之一。

腾讯在发展之初，就发挥创意，要通过互联网服务提升人类的生活品质，并以此为使命。为了这个使命，腾讯不断进行创新，帮助用户创造价值，得到了用户的认可，成为中国服务用户最多的互联网企业之一，并始终处于稳健发展的状态。在利用互联网提升人类生活品质的使命驱动下，腾讯拥有充满创意的口号"打造精彩的在线生活"。目前，腾讯更把为用户提供"一站式在线生活服务"作为公司的战略目标，比如为用户提供互联网增值服务、网络广告服务、电子商务服务等。腾讯为了不断提升用户生活品质，最初专注于即时通信工具QQ，之后不断发挥创意，推出了移动社交和通信服务微信和WeChat（英文版微信）、门户网站腾讯网（www.qq.com）、腾讯游戏、QQ空间等中国领先的网络平台，从而缔造了中国最大的网络社区。QQ的系列产品满足互联网用户对交流、资讯、娱乐、电子商务的需求，扩大了人们的交际圈子，丰富了人们的业余生活，提高了人们的生活品质，为人们打开了瞭望世界的窗口，让人们时刻了解社会形势，紧跟时代潮流，与时俱进，拒绝out（落伍）。

腾讯在互联网时代如鱼得水，成为成功的互联网企业。它发展迅速，财富积累迅速，与它不断创新的精神和对产品创意的不断追求分不开。腾讯QQ的企鹅图像充满着创意，给用户带来了美感、快乐。腾讯游戏也充满创意，从最早的扑克牌，到后来的充满中国古典文化色彩的围棋、象棋、五子棋，还有表达城镇化过程中人们对田园生活向往的QQ农场，无不充满了创意。

众所周知，QQ是腾讯的核心产品。QQ在发展的过程中，不断发挥创意，促进人们的日常交往，让人们的交流更加便捷、迅速。腾讯已经成为典型的互联网公司，它诞生时就与创意相伴。它的企鹅商标就是创意的体现，QQ表情也不断发挥创意。QQ还获得了全球创意奖。

腾讯QQ在投入使用后的第12个年头，在"第四届国际版权论坛"上，获得世界知识产权组织（WIPO）颁发的全球创意金奖。这证明中国互联网行业在创意发展方面取得了成绩。WIPO评委表示腾讯QQ从技术先进性、实用性以及与同领域相关产品横向比较中均表现突出。QQ在各项功能方面无不发挥着创意，丰富多彩的皮肤引擎、自定义好友上线提醒、个性化的聊天窗口、新奇的涂鸦表情、美观的闪字、空间灵活的身份验证，等等。腾讯QQ在功能上进行创新，有很多首创：首创IM（即时通讯）与用户虚拟形象结合、首创文件传输高速率、首创离线存储聊天记录等等。腾讯QQ的各个创意，都是为了给用户创造价值，满足用户的需求，改进QQ的功能，让QQ更加实用。QQ的不断发挥创意，都是从用户的使用需求出发，旨在提升用户的生活品质，因而获得越来越多用户的欢迎，奠定了腾讯强大的基础。

最近几年，互联网企业在“光棍节”（11月11日）这一天发挥创意，营造了欢乐的节日气氛。2013年光棍节，腾讯倾情推出了绝对炫酷的1.5版的QQ创意相机，它成为国内首创“双人互动表情”的创意趣拍APP，给用户聊天带来了独特的体验。在这个版本中，设计了炫目、搞怪的单、双人动态表情，让聊天变得妙趣横生。更特别的是，这个版本增加微信插件功能，用户可以把动态表情和创意趣图直接在微信朋友圈中运用。QQ创意相机，给人们的交流带来了趣味，提升了人们的生活品质，让人们的交际更加愉悦。

腾讯不仅在产品上注重创新，而且创意思维已经渗入腾讯的企业文化之中。腾讯公司无处不体现着创新。即使是给员工的福利，腾讯公司也很重视创意，每年的中秋节送给员工的月饼都是精心设计的。

有业内人士爆料，腾讯公司在每年中秋之际，都会自制独具创意的月饼，发放给员工及其家人，细微处无不体现公司的人文关怀。腾讯每年发月饼时，还会帮员工把月饼快递给他们的父母。月饼设计也颇费心思，员工们每年都翘首以待，很高兴把月饼寄回家让父母分享。其中2008年为腾讯十周年纪念月饼，2009年是腾讯大厦月饼，2010年为QQ农场月饼，2011年为腾讯微博月饼。媒体报道，这款被公司内部笑称"企鹅饼"的月饼年年跟着宣传攻势"玩花样"。其中"QQ农场月饼"，包括四个装月饼的小铁罐，还附送一个木制模型和三个神秘的布袋子，布袋子里装的是营养土和种子。吃完月饼，将营养土倒入小铁罐中，种下种子，用木制模型搭好房子、篱笆，一个QQ农场就诞生了。但是，这个创意的月饼也闹出了不少笑话，一位客户就曾经将两袋黑色的营养土当成茶叶泡水喝，喝了一口才发现上当了。

腾讯QQ不断的创新，使腾讯在创意产业方面积累了丰富的经验。作为互联网企业，腾讯在创办之初，就明白互联网企业要变"烧钱"为赚钱，一定要有自己独特的商业模式，比如阿里巴巴依靠电子商务的商业模式赚钱，并专注于电子商务，所以阿里巴巴成功了。而腾讯明智地在创意产业上下功夫，投入主要精力，换句话说，腾讯通过了解市场变化与用户需求，集中精力设计出个性时尚的虚拟产品，满足用户需求，从而令用户主动使用，心甘情愿埋单。经过十多年的发展，腾讯成长为创意型的互联网企业，成了网络科技创意产业的领军企业。在这个过程中，腾讯推出了很多文化产品和服务，丰富着用户的"在线生活"，让用户便捷地运用网络服务满足日常生活中快速交易、进行娱乐、获得资讯、彼此交流的需求，比如通过腾讯网看新闻，通过QQ与亲人、朋友随时交流，与千里之外的朋友下象棋，利用财付通转账、缴费，提升了人们的生活品质。

腾讯与用户共创一种双赢的局面。在提升用户的生活品质的同时，实现了财富的积累。互联网企业，同样具有一般企业的盈利特点，如果不能盈利，企业就无法生存。所以互联网企业要持续发展，就要实现盈利。只有企业正常运转，才能投入更多的资金，研发更好的产品，更好地服务用户，为用户创造更大的价值。腾讯不断进行创新，旨在给用户节省沟通费用，QQ、微信都比电话的资费低很多，所以自问世之日起，就受到了用户的热情欢迎。在互联网时代，谁拥有用户，谁就能发展壮大，谁就能在互联网中掘出"金矿"。腾讯所有的创意，无不是为了得到用户的支持，因为拥有用户，企业就前途无量，就获得了创造财富的源泉。腾讯不断发挥创意，为用户创造价值，以提升用户的生活品质为目标，塑造了在互联网中强大的形象，成为互联网企业中的明星，引领着互联网的潮流。

腾讯不断创新，发挥创意，受到了用户的追捧。截止到2014年第二季度，腾讯的核心产品QQ创下了月活跃账户高达8.29亿的成绩。更令互联网同行企业羡慕的是腾讯QQ同时在线的用户数量，最高达到2.06亿。与此同时，腾讯的新产品，移动即时交流工具微信和WeChat也取得了骄人的业绩，微信和WeChat合并月活跃账户数高达4.38亿。腾讯目前最红的产品微信旨在提倡一种新的生活方式，一种用户喜欢的生活方式。腾讯的发展深刻地影响和改变了数以亿计网民的沟通方式和生活习惯，并为中国互联网行业开创了更加广阔的应用前景。

唯品会：让名牌走近大众

唯品会是一家成功的互联网企业，被很多网站模仿。天猫模仿它推出了品牌特卖，当当网模仿它推出了尾品汇，这些都足以证明它是一家成功的互联网企业。因为只有具备独到的成功经验，才会成为这个行业其他企业学习的榜样。唯品会其实是一家做名牌尾货特卖的网站，由于它的精心创意，不仅让名牌尾货在模特身上展现出正品的优雅，而且把产品的价格控制在大多数工薪阶层能接受的范围内。于是，唯品会在特卖的领域做出一大手笔，第一次让名牌走向大众，换句话说，唯品会让工薪阶层有机会买到价格实惠的名牌商品。唯品会的成功，一是因为它顺应互联网的时代潮流，用互联网思维经营企业；二是因为它善于发挥创意。

唯品会把自己定位为一家专门做名牌特卖的网站，但是做特卖的网站并非只有唯品会一家，光靠特卖唯品会肯定难以获得发展的机会。于是，唯品会发挥创意，把唯品会打造成为一家以名牌、正品、低至一折的深度折扣、限时抢购为特色的特卖网站，吸引了大部分用户的眼球，从而在特卖网站中脱颖而出。同时，唯品会用互联网思维经营企业。于是，唯品会获得了飞速的发展，获得了良好的业绩，成为中国上市互联网公司排名第四的新秀企业。

唯品会2008年12月开始运营，创始人用互联网思维经营企业。随着移动互联网的发展，2009年10月，掌上唯品会上线，引领移动抢购新风潮，获得了更多的用户，业绩突飞猛进。2012年3月23日在美国纽约证券交易所成功上市，成为华南首家在纽交所上市的电子商务企业。唯品会从成立到上市只有三年，成功上市给唯品会带来了更多融资和品牌效应。更多的品牌商支持唯品会，更多的投资者对唯品会充满了信心。唯品会的产品更丰富，获得了更多的用户。据中国电子商务研究中心（www.100ec.cn）监测数据显示，2015年第一季度，唯品会活跃用户人数为1290万人，比上年同期的740万人增加75%。唯品会的业绩蒸蒸日上，收益越来越好。随着业绩的不断提升，唯品会顺利进入了中国互联网市值的前四名。

唯品会最近两年盈利能力超强，备受商界关注。德勤有限公司（德勤全球）发布的《2016年全球零售力量：跨越数字化鸿沟》报告显示，全球最大的特卖电商唯品会（www.vip.com）2009年至2014年零售额复合年增长率320.8%、2014年零售额增长率120.2%的速度超过京东、亚马逊成为全球增速最快的零售商，并跻身全球最顶尖的250家零售商名单。

2015年，唯品会的营收和利润依然出众，全年总净营收402亿元人民币，同比增长74%；全年运营利润同比增148%，达到了20.7亿元人民币；运营利润率从2014年同期的3.6%增长至5.2%；毛利润同比增长72%，达到99亿元人民币；净利润22亿元人民币，同比增长78%。

这也是唯品会连续13个季度盈利，创行业纪录。2015年第四季度，唯品会净营收达139亿元人民币，同比增长达65%，超过预期；运营利润增114%至8.02亿元人民币；毛利润同比增长60%，达33.5亿元人民币。

唯品会盈利持续增长，引起了业内人士的关注，他们认为唯品会深知电商领域"流量为王"的道理，并进行了大量市场投放来获得流量。所以，唯品会迅速突破了流量的关卡，没有像有的非品牌电商一样在此关口折戟沉沙，反而逆流而上。唯品会的发展靠口碑而不靠广告，把二三线城市作为主战场，以限时限量的特卖方式激发用户的消费热情，终于走出了一条拥有庞大用户的大众路线。人们无不惊叹唯品会是中国电商中的一朵奇葩。

唯品会运用互联网思维，发挥创意，使自己在中国互联网领域获得了一席之地，成为中国互联网企业的后起新秀。唯品会是一家互联网企业，业内人士都说，互联网企业十家有九家会死掉，而唯品会却成功了，这与它的创意密切相关。做互联网，光靠复制他人是很难成功的，需要发挥创意。

唯品会在发展的过程中，重视发挥创意，从不随波逐流，盲目跟风。很少听到唯品会跟别人打价格战。唯品会没有像其他的电商那样，一味地打价格战，而是专注于提升自己的产品品质和服务。

唯品会专注做产品。它能很好地控制自己的产品。它从厂商直接买货，能够控制毛利率，掌握产品的主动权，还能做好售后服务。它专注，所以能够保证商品足够时尚、大牌，同时还要让这些商品的单价不能太高，要让大众用户能够买得起。唯品会专注地研究用户的喜好，专注地搭配特卖商品，专注地与品牌互动，获得了灵敏的品牌嗅觉。正是由于专注，唯品会才能把贴近大众的商品特卖做到极致，成为出类拔萃的特卖网站。

唯品会努力在各方面发挥创意。唯品会与品牌供应商的合作方式进行了创意，合作成熟了，可不缴纳货品抵押费用，而是采用代销模式，享有向供应商退货的权利，于是大大缩短了库存周期，它能做到7天就换掉所有的库存。它在营销的手段上发挥了创意，针对有些用户工作太忙抢不到自己喜欢的衣服的情况，唯品会在电商中首创上线品牌提醒服务，通过邮件、短信、微信等方式进行上线品牌提醒，用户可以提前预约自己喜欢的品牌，当品牌上线前会得到贴心的提示，从而不错过每一个自己喜爱的品牌。唯品会牢牢抓住了每一个潜在的用户。在互联网时代，拥有用户就拥有了制胜的王牌，显然，唯品会握有王牌。

唯品会的创意已经成为一种企业文化，在唯品会的公司里有许多充满创意的标语。比如，工作区的标语是“请勿随意走动，控制现场音量”，休息区的标语是“轻取轻放，爱护书籍，借阅后请放回原处”，洗手间的标语是“手纸垃圾进纸篓，便后冲冲好轻松”。这些人性化的标语，营造了一种温馨的工作氛围。唯品会的员工在这样的工作环境中，能够专心、努力地做自己的工作，高效率地工作，从而不断提供时尚的、深度折扣的名牌商品，让大众用户使用上低价的名牌商品，把唯品会打造成互联网时代的明星企业。

第三章

互联网思维
改变传统产业

互联网浪潮铺天盖地袭来，加速了行业的洗牌，而互联网思维则彻底改变了那些故步自封的传统企业，其中受到影响最显著的就是传统文化产业。

借助互联网思维，创新商业模式、积极触网的文化产业吸收了新鲜血液，开始加速转型，在互联网浪潮中，实现了美丽的蜕变。

互联网革命改写商业规则

互联网是一场不可扭转的革命，如果传统企业不能认识到互联网思维的必然趋势，就会被新兴的互联网企业夺走饭碗，淘汰出局；如果传统企业看到了互联网浪潮的大势所趋，积极地自我调整，接受互联网思维，将会提升自己的发展速度，获得巨大的发展动力。

互联网革命就是要清除那些阻碍生产力发展的障碍，就是要提升生产效率。互联网是一门技术，更是一个工具。就像蒸汽机推动了工业革命，给工业发展带来了新的动力，提高了工业的生产效率一样。互联网思维推动了互联网革命，成为互联网时代企业发展的引擎，提高了企业和社会的生产效率。

然而，这个世界上没有一成不变的商业模式，只有属于某个时代的商业模式，所以所有的传统企业家都要紧随时代脚步，与时俱进，用属于这个时代的商业思维来思考企业的未来，推动企业的发展。经验告诉我们，每一次商业模式的革新都能在一段时间内给企业带来竞争优势。但是随着时间的推移，优势就会耗尽，所以企业要不断地探索自己的商业模式，并革新自己的商业模式，使自己的商业模式符合消费者目前的需求。只有这样，企业的市场份额才能得到巩固，才能在互联网潮流中，获得大量的铁杆粉丝和源源不断的利润。

目前爆发的互联网革命，正在改写传统的商业规则。互联网改变了企业与用户之间信息不对称的情况，改变了企业不重视消费者的现状，改变了企业不重视售后服务的情况，改变了商业组织的结构。原来企业以老板为至尊，现在转变为以用户为上帝；原来员工为老板服务，现在变成为用户服务；原来企业围着老板转，现在企业围绕着用户转；原来产品的价格非常隐蔽，现在产品的价格很透明，到淘宝、京东可以随便比价，那些企图谋取暴利的商家失去了机会，即使偶尔暴利得逞，也会被用户永远拉入黑名单。

互联网革命在方方面面改写了传统的商业规则，结合自己的经验，我将互联网对传统商业规则的改变归纳成以下四个方面。

互联网对传统商业规则的改变

01 改变了产品生产的决策权

02 开启了免费的商业模式

03 促进了跨界经营

04 改变了信息不对称的情况

第一，互联网革命改变了产品生产的决策权。互联网革命颠覆了传统商业时代由企业决定生产什么产品的传统，让用户成为生产什么产品的决策者。现在，用户的需求是产品研发、设计、生产的风向标。企业只有按照用户的需求去生产产品，才能增加产品的使用价值，获得用户的欢迎，让用户埋单。海尔"洗地瓜"洗衣机、小米"低价高配"手机等，莫不是以用户的需求为依据，来进行研发、生产的。

第二，互联网革命开启了免费的商业模式，这是前所未有的创新。互联网时代有这样一条不成文的规律——"欲将取之，必先予之"。企业家想要索取，就要懂得先付出。互联网企业巨头百度、阿里巴巴、腾讯、360，莫不是这样做的。他们都是先实施免费政策，后来才开始盈利，并且获得了丰厚的收益。

第三，互联网革命促进了商家的大胆创新，让跨界经营横空出世。互联网浪潮中，每个企业都在寻找自己的合作伙伴，大胆地跨界发展，从而增强了自身的竞争力。腾讯在发展的过程中，通过跨界经营，获得了持续的发展。

腾讯与携程旅游合作，大胆地跨到旅游领域。腾讯的即时沟通核心产品"企业QQ办公版"和携程"中小企业商旅通"亲密合作，为中小企业用户提供更加优质优惠的服务，合理降低了中小企业用户的办公和差旅费用。

调查显示，我国中小企业因为没有专业的办公即时交流工具，导致沟通不畅，由此造成的损失费约为13亿元人民币/天。企业QQ办公版能够使企业内部和对外顺畅沟通，并有效降低了沟通成本。同时，现在商业交流活动频繁，企业的差旅成本持续增长，无疑增加了企业的经营成本。而中小企业对员工差旅的要求不规范，造成了企业运营成本的浪费。根据携程方面的统计，运用中小企业商旅通，中小企业能够节省5%~25%的差旅费用。

腾讯与携程合作之后，携程“中小企业商旅通”用户将会享受到腾讯企业QQ三个月免费试用的服务；腾讯企业QQ的用户可享受免费开通携程“中小企业商旅通”，并享受永久免除每年1800元年费的优惠服务。携程商旅业务总监周伟华说，中国活跃的中小企业有1000余万家，腾讯企业QQ与携程“中小企业商旅通”的合作，也将为腾讯和携程开辟出巨大的消费市场，腾讯和携程也将获得丰厚的收益。

腾讯也向电视产业跨界发展。2013年腾讯与TCL、CNTV旗下未来电视合作，推出了一款QQ新品，此产品是搭载了电视专属聊天工具——电视QQ2.0的全新TCL3D智能云电视系列产品，第一次把QQ深度植入电视平台。“电视QQ2.0”是腾讯专门为电视设计的一款创新产品。腾讯此次合作，使QQ在电视上可以方便使用，“刷脸”即可登录相应QQ账号，找朋友视频聊天更方便，而且推广了腾讯的产品。

其实，很早之前，腾讯就曾向文化产业跨界经营。腾讯刚成立的时候，实行免费使用QQ策略，通过开发游戏，来盈利生存。如今腾讯游戏已经成长壮大，并成为腾讯的重要盈利业务。

在互联网时代，跨界发展能够挖掘更大的商业价值，推动企业的持续发展。

第四，互联网革命还改变了信息不对称的传统商业规则。过去企业掌握着信息的主动权，在互联网时代，用户掌握了信息的主动权。比如，用户对产品的价格、质量、使用效果有了更多的了解。互联网革命改写了产品的生产制造过程，让产品的生产过程缩短，让大规模生产变成小批量生产，让产品的库存周期尽可能地缩短。互联网革命大幅度地提升了商业的盈利效率，让积极拥抱互联网思维的企业受益匪浅，获得了飞跃式的发展。

用户思维，以用户为导向方能赢得市场

在Google（谷歌）的十大座右铭中，第一条就是“以用户为中心，其他一切纷至沓来（Focus on the user and all else follow）”。

谷歌就是凭借着这一立身之本，这么多年来在互联网领域一直屹立不倒，成为互联网领域当之无愧的行业巨头。

现在，随着移动互联网的兴起与智能手机的盛行，陆续有不少企业凭借着用户思维在互联网市场这片红海中杀出了一条血路，成为互联网行业的新秀。比如，以满足客户需求为宗旨的小米科技，以超越用户预期为目标的乐视，等等。

技术发展，不可避免会给社会带来巨大的改变，相应地也会加速市场的洗牌。在这个“唯快不破”的移动互联网时代，企业只有更好地把住用户的脉搏，才能更好地适应这个时代，在残酷的市场竞争中脱颖而出。

用户对于一个企业发展的重要性是不言而喻的。现代管理学之父彼得·德鲁克就在他的《管理的实践》一书中对企业存在的目的做了如下定

义："如果我们要知道企业是什么，我们必须从理解企业的目的开始。企业的目的必须存在于企业本身之外。事实上，由于企业是社会的一部分，企业的目的必须存在于社会之中。对企业的目的，只有一个有说服力的定义，那就是创造顾客。"

的确，如果一个企业没有顾客的支持，这个企业是注定难以发展下去的。不管是传统企业还是新兴的互联网企业，都逃脱不了这个规律。

互联网时代的用户思维与传统商业时代的用户思维有所不同。在传统时代，没有非常准确的信息供企业参考借鉴，企业想要赢得用户，就需要用心去揣摩用户的心思。但是在互联网时代，科技高速发展，信息技术也更上一层楼，企业可以通过先进的互联网技术，更加精准地锁定用户、了解用户，与用户交流和沟通，制造出令用户满意的产品。

2015年，有一部仙侠剧火了，这部仙侠剧就是《花千骨》。该剧改编自晋江文学网站Fresh果果的一部仙侠玄幻类网络小说，主要讲述命运坎坷、坚韧善良的少女花千骨与以守护天下苍生为己任的上仙白子画的爱情故事。小说全文约65万字，不论是在题材、故事还是人物塑造方面都有创新。自该小说首发到被制片人唐丽君相中，中间隔了六年。在这六年时间里，该小说积累了大量粉丝，先后出版发行了三次，在晋江文学网站上非V章节的点击量近900万，读者年龄层覆盖13~45岁。

2012年11月，在唐丽君的引荐下，慈文传媒重金购得小说改编电视剧的版权。为了让改编的剧本更加符合书迷们的预期，剧组不仅邀请原作者参与剧本的改编，还尽可能保持小说剧情的原汁原味，并且最大限度地和受众进行互动。在互动过程中，《花千骨》的很多粉丝都升级为电视剧的“直接制作者”。

在与网友不断互动的过程中，剧组不断调整剧情以贴近读者的需求，情节也更加吸引人。《花千骨》从前期的宣传拍摄、剧本改编、选角，到电视剧拍摄、主题曲制作，与网友的密切互动贯穿了制作过程的始终。

2014年，《花千骨》剧组在网上公开征集电视剧的主题曲，很快就收到了热心网友发来的20多首主题歌MV。制片方从中选出了一两首，然后请专业的歌手来演绎。除此之外，网友们还自发地改编《花千骨》片花，并制作出十几个不同的版本放到网上，更有网友为剧中的人物精心地设计了各种漫画造型。

《花千骨》在国内的电视剧市场上火了很长一段时间，这并不是偶然，而是跟片方这种用户思维有着极大的关系。制片人唐丽君曾发表过这样的言论：“电视剧制作今非昔比，观众不再是普通电视观众而是用户，应该成为创作者之一。制作电视剧时应考虑观众的用户身份，加大互动，聆听观众的意见。"

一部文学作品，从电视剧到动漫、游戏，若没有用户的支持，在2015年的夏天很难形成所谓的"花千骨效应"。

《花千骨》的成功带给我们的启示是深刻的。在这个用户为王的时代，你不尊重用户的意见，用户就不会为你的产品埋单；你不以用户为中心，用户也不会为你的发展献计献策。

在用户思维大行其道的今天，企业经营者只有真正地把用户当成朋友，以用户的需求为导向去了解他们，帮助他们解决问题，才可能快速地占领市场，成为残酷的市场竞争中最后的赢家。

免费思维，获取用户的有效手段

俗话说，要想获取，先要付出。用互联网思维经营企业，千万不能有急功近利的心态。进入互联网时代，需要可持续发展的企业都高瞻远瞩，实行免费模式。纵观那些成功的互联网企业，如淘宝网、360、QQ、百度，莫不是以免费模式经营自己的企业的。

淘宝网在创建之初，敢于吃螃蟹，开展互联网的免费模式，宣布商家在淘宝上开店，三年免收任何费用，一举击败收费的强大竞争对手易趣网，终于迎来了淘宝网的胜利。淘宝网取得了今天的辉煌，巩固了互联网零售企业的龙头地位。

360敢于在杀毒领域率先推出免费杀毒服务，为中国的网民做出了巨大的贡献，让中国的网民轻松地拥有绿色健康的上网环境，一举击败了收费的瑞星杀毒软件。360在杀毒方面实施免费模式，成就了它今天在互联网安全领域中的领先地位。如果从市值来看，360已经成为全球第三大互联网安全公司。

如今互联网企业想要顺利经营下去，离不开免费模式；传统企业想要实现可持续发展，更需要运用互联网的免费思维。目前，创新的文化产业经营也需要积极运用免费模式。

那些善于创新的文化产业，在经营的过程中运用免费模式，大多取得了很好的业绩。

随着影视文化产业的快速发展，全国各地的影视城如雨后春笋般出现。目前我国有十大影视城，依次是长城世纪城、横店影视城、上海影视乐园、中山影视城、镇北堡西部影视城、同里影视拍摄基地、象山影视城、北普陀影视城、焦作影视城、涿州影视城。

其中，横店影视城的发展最引人瞩目，由名不见经传的小镇华丽转身为名震全球的影视城，被美国《好莱坞》杂志称为"中国的好莱坞"。如今，横店影视城是中国唯一的"国家级影视产业实验区"。横店影视城在发展的过程中取得了辉煌的成就，得益于它敢为行业之先的营销模式，它大胆地实施了免费模式，就是剧组可以在横店影视城免费拍摄电视剧和电影。它改变了影视城常规的收费拍影视的营销方式，从而在国内的影视文化产业中异军突起，迅速跑在影视城行业的前列。

横店是一个小镇，位于风景优美的浙江，从影视拍摄基地起步，以免费模式发展影视文化产业，使横店影视城逐渐发展成国内拍摄场景最多、基地规模最大、配套设备最全、历史跨度最长的拍摄基地，如今横店已经成为亚洲最大的影视拍摄基地，被誉为"东方好莱坞"。中国很多热门影视作品都是在横店影视城拍摄的，如《英雄》、《画皮》、新版《笑傲江湖》等。横店影视城凭借规模大、场景多、免费拍摄等优势，吸引国内外成千上万的影视导演带领剧组来这安营扎寨，专心拍摄。横店影视城通过免费模式，不仅发展了影视城，还把发展的重点放在影视文化产业上。

横店影视城通过免费模式，为影视文化产业铺路，用的是典型的互联网思维，即先免费后收费，免费是为了更好地收费。横店影视文化产业在自己最具有特色的影视基地上实施免费，从而使国内外的知名导演率领剧组来这里拍摄取景。剧组的人来到横店影视城，就需要吃饭、住店、消费，于是带动了横店的餐饮、酒店、零售、旅游等相关产业，还为当地人提供了一种新的职业“群众演员”。横店走影视文化产业的道路，极大地推动了横店的发展，增加了当地人的就业机会，提高了当地人的收入，是一种造福家乡的伟大事业。与此同时，横店免费拍摄电影和电视剧的商业模式，也为中国的影视文化带来了许多美丽的场景。

运用免费模式的技巧

01 在竞争对手盈利的地方推出免费模式

02 用自己的优势产品进行免费

03 找准真正的费用承担者及盈利链条

免费模式不是互联网的首创，比如传统的医疗仪器公司会免费帮助人们测量血压，让人们免费体验按摩椅，当消费者觉得需要的时候，就会买他们的血压计、按摩椅。传统的免费模式，基本上是推销产品。但是，互联网企业的免费模式，是为了获得用户，为了增加网站的流量，增加网站的黏性，在盈利模式上进行了创新。如360在杀毒软件上采用免费模式，获得了90%的用户，然后做搜索，让广告商来付费；又如横店影视文化产业在影视场景上采用免费模式，吸引海内外的导演和剧组来到横店影视城拍摄，然后靠影视产业、餐饮、酒店、零售等来赚钱，即付费的不是制作人，而是每一位导演、演员、摄像等剧组成员，此外还有源源不断的游客。

在如今的互联网时代，免费模式确实有用武之地。创新的文化产业在经营中都会用到它。在运用的过程中，需要认真设计好自己的经营方案。不管是文化产业还是其他产业，基本上都要弄清楚下面这三点：

第一，自己的行业领域已经有很多竞争者，决定要朝这个行业发展，就需要用免费的商业营销模式，并在竞争对手盈利的地方大胆地推出免费模式。比如，360进入互联网安全杀毒软件领域的时候，面临强大的竞争对手瑞星，瑞星是靠卖杀毒软件盈利的，于是360推出免费杀毒服务，受到许多用户的欢迎；别的影视城取景都收费，而横店却免费。

第二，免费的产品一定要有优势，要实用。360杀毒软件安全性高，实用性强，解决了用户多年来电脑经常被病毒困扰的烦恼；横店影视城场景多、规模大，提供了剧组拍摄所需的大部分场景，基本满足了剧组一站式拍摄影视作品的需求。

第三，一定要找准承担费用的人，找到盈利的产业链。360给广大用户提供免费杀毒的服务，同行睁大眼睛看它怎么养活自己，今天同行看明白了，360通过免费杀毒，获取了互联网的流量和大量用户，从而发展出360浏览器，做搜索、导航，来赚取广告商的钱；横店影视城在拍摄场景上免费，而靠影视文化的服务产业如餐饮、酒店、零售等盈利。无论是需要创新的文化产业，还是传统的企业向互联网转型，决定采用免费模式的时候，一定要考虑这三点，这样才能够做好产业规划，避免走弯路，实现产业快速盈利、持续发展。

简约思维，简约其实不简单

在当前的市场环境中，各式各样的产品可谓层出不穷，产品的功能也是五花八门。比如，目前市场上卖得比较火的一款智能手表，不仅可以打电话、听歌、阅读、玩游戏，还可以下载各类APP。

不能否认，这类产品功能很强大。但在我看来，这款产品的实用价值却不大。在我们的印象中，手表是用来看时间的，只要时间准就好，搞出这么多的附加功能难免会影响手表的续航能力，影响手表基本功能的使用。打电话、听歌、阅读或者是玩游戏，有手机就够了，何必要费神地盯着那一块小小的手表？

当然，这是我的一家之言，这款产品未来的发展如何，还需要市场和消费者来检验。

说起这个产品的目的是什么呢？就是想要告诉广大的创意公司一个道理：在这个人人都追求速食的时代，只有具备简约思维，第一时间抓住用户最主要的需求，才可能快速地抢占市场。

目前的互联网市场环境中，有不少人都在强调简约思维，也有很多的产品越来越趋近于简约。比如，百度的首页就是一个百度的LOGO，苹果手机可以一键返回，等等。

简约并不是最近才兴起的新鲜事物，而早已体现在一些互联网巨头的文化设计之中。在百度和谷歌的设计里，就散发着这种极简思维的魅力。当我们乍一看谷歌和百度的页面时，很难将它们跟全球最大的两个搜索引擎联系到一起。因为，它们的页面只有简单的几个字和一个LOGO，外加一个搜索框。整个页面看起来有些冷清，甚至有些单调。但就是这种简约的设计，让用户能够第一时间看到搜索框，从而清楚地了解了产品的本质。

百度与谷歌的这种简约设计也影响了很多互联网文化创意企业，比如世界知名的社交网站Facebook（脸书）创始人扎克伯格就很提倡这种简约思维。在这种简约思维的影响下，Facebook页面简单，功能清晰，成了一个拥有5亿用户的社交网站。靠着简单的页面，Twitter（推特）网站也照样走红。

不仅是这些风靡全球的网站页面设计适用这种简约思维，一些创意产品的设计也非常需要简约思维。

为什么这么说呢？因为在信息大爆炸的互联网时代，用户的耐心越来越有限，如果企业不能在第一时间吸引用户的注意力，很可能会错失商机。

想要在第一时间就吸引用户，你的产品功能就不能太多、太杂，否则用户很可能还没弄明白你的产品到底是干什么用的，就会被其他产品吸引了目光。

正如乔布斯所言，产品的设计不仅仅是外观的设计，更重要的是功能的设计，所以，苹果吸引用户的不仅仅是它好看的LOGO，更是它系统中每个功能的设置。否则，苹果公司的移动操作系统iOS7的用户也不会不减反增。

这就是简约的内涵，外表往往不及内在重要，一个产品想要拥有简约的内涵，就必须让用户迅速找到自己需要的功能，并让用户适应这个设置。

这就要求企业必须专注，只有用最专注的心，才能做出最简约的产品。

当然，我们说的简约不是简单。大道至简，那些看似简约的设计，其实都是经过设计者的不断打磨，从极其复杂的设计中提炼出核心元素，才逐渐成形的。我们甚至可以这样说，那些看似简单的东西，往往都经历过最复杂的选择和变更过程。

企业想要将产品做到简约，可以参照这样两条标准：第一，专注，少即是多；第二，简约即是美。

简约的标准

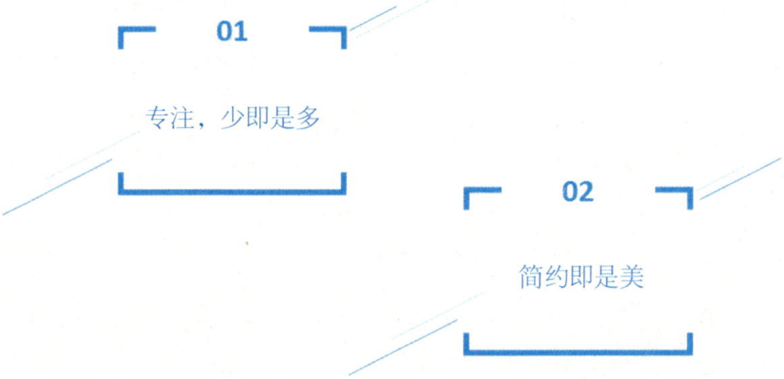

第一，专注，少即是多。

关于这一点，苹果手机就是最典型的例子。1997年，苹果公司走到破产的边缘，乔布斯临危受命，回归苹果。回归之后，乔布斯砍掉了苹果70%的产品线，重点开发4款产品，很快就让苹果起死回生，扭亏为盈。

品牌定位一定要专注，要给出一个让消费者选择的理由。就像苹果手机，全世界为什么会有那么多的果粉为之疯狂？就是因为苹果简约的操作模式，已经深深地影响了成千上万的苹果手机用户。

第二，简约即是美。

这就要求企业在设计产品的时候学会做减法。产品的外观要简洁，内在的操作流程要简化。比如，Google首页界面永远都是清爽的，苹果手机与特斯拉汽车的外观也都沿袭了这种简约设计。

一般的企业做产品总是贪大求全，总想要为用户制造出功能更加强大的产品，殊不知用户并不需要那些多余的功能。他们只需要那些最能帮他们解决问题、简单易操作的产品。

今天，看一个产业有没有发展潜力，最主要的就是要看它是否亲近互联网。只有真正用互联网思维来做产品的企业，才可能时时迸发出创意，不断地对产品进行创新。唯有那些能够不断创新的企业，才能在激烈的市场竞争中始终掌握主动权，成为市场竞争的赢家。

极致思维，做到极致才能赢得忠实的粉丝

极致思维是什么？如果把产品的生产设计比喻成一场考核，极致思维就是能争第一，绝不做第二；能得100分，就一定不要80分。

在竞争日趋白热化的市场环境中，企业想要抢占更大的市场份额，赢得更多的忠实用户，就必须要有极致思维，努力将产品做到极致。

在小米科技内部就流传着这样一句话："把自己'逼'疯，把别人'逼'死。"这句话怎么理解呢？这就是说企业要对自己的产品要求严格一些，生产出更加完美、更加适合用户需求的产品。这样才能更好地抢占市场，获得消费者的认可，进而在市场竞争中具备更大的优势。

说起极致思维，小米科技是当之无愧的代言人。在这个日新月异的移动互联网时代，小米科技在很多领域获得了成功。其中最重要的一个原因就是小米科技是善于运用互联网思维的高手，极致思维更是被小米科技运用得炉火纯青。

小米科技的掌门人雷军曾表示，互联网思维是互联网经济发展几十年积

累下来的方法论，这些方法论运用到任何一个行业或是任何一个企业，都能产生点石成金的效果。

为什么这么说呢？因为这些方法论都是互联网发展过程中积淀下来的精华，都是互联网企业在恶劣的竞争之后，总结出来的教训。

在互联网思维大行其道的今天，企业想要发展得更好，想要在市场竞争中独占鳌头，就要有一种追求极致的精神。

俗话说："狭路相逢勇者胜。"什么叫作勇？就是一种拼命精神。做企业、做产品也需要有这种拼命的精神，不要命地追求极致。不仅要追求极致的用户口碑，更要追求极致的迭代速度、极致的产品体验。

比如，在小米的智能手机问世的时候，它的手机是市场上同类智能手机中价格定得最低的，却是同类手机里功能最强大的。这么低的定价，这么高的配置，假如小米手机遭遇滞销，小米科技很可能会承受巨大的损失。

但是，即便承担着这种损失的风险，小米还是这样做了。这就是我们所说的追求极致的拼命精神。

极致是企业做产品的一个目标，企业只有始终朝着这个方向奔，才有活路，否则就会死在发展的路上。

不管是互联网企业还是传统企业，其实都可以实现极致。能否实现的关键就在于企业是否愿意改变自己的价值观，向互联网思维转变。

互联网给这个世界带来的最大的改变就是信息变得比以前对称，信息对称之后，一个非常明显的变化就是正面口碑与负面口碑同时涌现。在这个信息越来越透明的时代，商家想要造假需要付出的成本太高，很可能会为了一个谎言而搭上企业的前途。不能否认，在传统的生产环境下，厂商造假，被曝光的机会很小，因为传统环境下的信息传播慢，不足以给商家的声誉造成太大的影响。但是互联网时代则完全不同，如果敢生产假冒劣质的产品，网友一条“爆料”信息就可能让你“遗臭万年”。

从这个层次上讲，追求极致，创造最好的产品就成为企业参与竞争的一个重要砝码。

互联网时代，信息的透明让全民都成了“质检员”，广大网民通过各种信息传播的手段来完成对企业生产的监督。

这也直接导致越来越多的企业更加注重企业的口碑与声誉。为了打造极致的口碑，海底捞用理想在做服务；为了打造极致的体验，雕爷牛腩坚持每月都更换菜单；为了打造极致的产品，小米坚持用最好的配件制造出超高性价比的手机。

对于企业来说，如何才能运用极致思维进行创新和创造呢？可以从以下两方面入手：

如何运用极致思维进行创新创造

A 抓住用户的痛点

B 产品让用户的生活变得更美好

第一，抓住用户的“痛点”。所谓痛点，就是用户在生活中经常会遇到的那些问题。比如，用户在阴雨天气会遭遇打车困难，经常会被淋成落汤鸡，让用户深恶痛绝。滴滴打车软件的问世很好地解决了用户的这个“痛点”，并对软件进行了很多创新，方便了人们出行。

第二，从用户本身来说，他们可能原本并不需要这款产品，但是这款产品的诞生能够让用户的生活变得更加美好。比如，最初苹果手机问世之前，用户并不知道自己可能需要这样一款产品，这款产品的诞生完全是由设计者“自作主张”决定的。可是，这款产品诞生以后，却给人们的生活带来了极大的改变，大大地影响了人们的手机使用习惯。

用户体验佳的产品，才是好产品；超越用户预期的产品，才是优秀的产品；让用户尖叫的产品，才是极致的产品。

企业在生产经营的过程中，应该时刻以满足用户需求为准则，时刻以创造让用户尖叫的产品为目标。唯有如此，才能让自己的产品逐渐接近极致，赢得越来越多的用户与越来越广阔的市场。

迭代思维，快速迭代才能快速创新

互联网时代，最重要的一个思维就是迭代思维。这是因为这个时代发展得太快，如果你产品更新换代的速度跟不上时代发展的节奏，就会遭到用户的无情抛弃。

关于迭代思维，小米科技CEO雷军曾经说过这样一句话："天下武功唯快不破。"的确，你只有快速找准用户的需求，快速改进产品的不足，快速制造出更加适合用户使用习惯的产品，才能更快地抢占市场，赢得先机。

在这种情况下，我们该如何更好地开发产品呢？如何在众多的创新方向与创新点上做出选择呢？

还是那句话，以用户为指向。用户的选择和对某种产品的黏性，能够给企业产品设计与改进提供明确的方向。让产品充分满足用户的需求，然后根据用户数据选择产品的功能，在这个过程中不断地对产品推陈出新，才是保持企业产品领先地位的唯一方式。

企业生产产品，应该不断地倾听用户的反馈，不断地对产品进行调整，然后决定产品接下来的改进方向。

“快速迭代”是对产品的基本要求，企业是否能够做得足够快，足够好，是我们衡量一款产品研发是否成熟的标准之一。在日新月异的移动互联网时代，越来越多的产品发布节奏变得越来越快，产品更新换代的周期也越来越短。这一方面是因为现在飞速发展的互联网技术已经越来越容易出现漏洞，另一方面也说明很多仓促推出的产品存在问题，其功能需要被不断地优化。

迭代思维中的典型代表就是小米科技。小米公司的MIUI（MIUI是基于安卓系统开发的手机操作系统，是针对中国用户的使用习惯而推出的手机操作系统）团队，由多个角色组成，分别是项目经理、产品经理、UE（用户体验）设计、前台开发、后台开发、测试和运营维护。该团队以一周为一个固定的迭代周期。这一周的时间，包括了团队的各个角色一次完整的研发协作过程：迭代前有特性规划；迭代中有迭代规划、开发、测试、发布等过程；迭代后有回顾以及用户反馈跟踪。换句话说，每个周期的开始都是对上一轮产品的总结与新一期产品的迭代规划。

这种方式看起来好像很好操作，但对每一个研发团队来说，这都不是一件轻松的事情。这要求研发人员能够快速地发现产品中的问题，并快速地解决问题。

抓住用户需求，快速迭代，这是互联网时代企业快速抢占市场的一个不二法门。

2016年1月6日，360公司正式对外发布了其升级版的儿童智能手表——360儿童手表3S。

新一代的360儿童手表增加了几大亮点：IPS（平面转换）全彩触摸屏、个性化的表盘与表带、目前智能手表市场上容量最大的电池。

在产品发布会上，360"掌门人"周鸿祎说："新一代的360儿童手表更希望树立儿童智能手表的行业新标准。"被周鸿祎重磅推出的第三代360儿童手表，不仅对安全进行了重新定义，还具备很多优势。

第一，精准定位，超长续航。

360儿童手表3S是360儿童手表第三代的升级产品，相比前两代产品，该产品功能更强大，支持双向通话、单向监听、实时定位与语音对讲等适用于儿童安全的功能。

其中，实用性最强的实时定位功能采用了GPS（全球定位系统）、Wi-Fi、基站和重力传感定位相结合的技术，可实现在室内20米、室外5米的精准定位，信号稳定，定位精准，帮助家长随时掌握孩子的动向。

除此之外，该手表还采用了业界最大容量的电池——Ah聚合凝胶锂电池。该型号电池能保证手表使用三天而无须充电，这样强大的续航能力对于保障孩子的安全是很有价值的。

第二，具备"萌元素"，更受孩子欢迎。

360儿童手表3S配置的IPS真全彩触摸屏，像素密度高达261PPI，是目前儿童智能手表领域像素最高的手表。不仅如此，该手表还提供五种不同颜色的表带。颜色绚丽的表带与升级后高清的屏幕，让人机交互变得更简单。

第三，拥有更多人性化的设计。比如，可以给手表设置闹钟，当小孩到达目的地后，手表会自动发送“到达提醒”给家长。孩子上课时，可以开启“上课免打扰”模式；运动时，则能统计步数；遇到危险的时候，可以发送SOS（国际上通用的紧急呼救信号）；两个孩子轻轻碰拳就可以相互加好友；父母可以为孩子“点赞”。有了这些实用有趣的功能，亲子互动可以随时随地进行，孩子与家长的距离在不知不觉间就被拉近了。

很显然，360儿童3S手表诸多的功能，不是设计者们凭空想象出来的，而是根据家长的反馈与现实的市场需求而不断增设的。因为用户需求的不断增加，家长对儿童安全问题的关注不断升级，儿童智能手表也在这个过程中不断地更新迭代。抓住了时代发展的脉搏，跟上了产品迭代的速度，迎合了人们的情感需求，这才是360儿童3S手表能够在市场中迅速占据一席之地的关键所在。

360的经验告诉我们，企业想要在不断变化的互联网环境中求生存，就必须要具备迭代思维。这个残酷的移动互联网市场中，最后的赢家一定是那些懂得与时俱进的企业，一定是那些善于创新、善于迭代的企业。

流量思维，流量聚集之处必有商机

在互联网领域有这样一句话："流量聚集之处，财富必将追随。"这句话是说，只要企业能够想办法吸引眼球，增加流量，就不用担心企业不能创造价值。

自互联网诞生开始，流量便与之相伴。在互联网时代，各大网站需要流量；移动互联网时代，客户端也需要流量；现在的各种手机APP更是需要流量。

对于传统企业而言，流量能够影响销量；对互联网企业而言，流量则意味着效果。流量越多，表明吸引来的用户越多，用户的购买率就可能会越高。

正是因为如此，互联网业内人士普遍认为，流量就是企业的生命，如果互联网企业没有流量，就相当于这家企业没有生命，是非常要命的事情。

在市场经济时代，企业只要做好了自己的产品，拥有好口碑，自然就有源源不断的顾客上门。但是移动互联网时代不是这样，新产品的不断问世，让企业之间的竞争越来越激烈，企业的产品再好，也可能会被诸多竞争对手的产品淹没。

这是一个“酒香也怕巷子深”的年代，企业必须想方设法宣传自己的产品。这个过程中，流量是关键。流量就是网站的访问量，互联网生意本质上就是流量生意。

从Yahoo（雅虎）时代开始，无论是广告模式还是电商模式，互联网所做的基本工作就是把流量转化为收入。对所有的互联网企业而言，大流量是一贯的追求。在互联网的世界里，唯有掌握了流量，才能掌握用户。只有获得了大量的流量，才可能赢得更多的商机。

Evernote（印象笔记）CEO曾说：“让100万人付费的最简单的方式就是你必须获得10亿用户。”这句话很清楚地凸显了流量的价值。我们都知道，流量可以实现信息的快速传播，从而促成流量生意。与此同时，流量也会促进用户自发地购买产品。因为大多数用户或多或少都会有一种从众心理，看到大多数人都聚焦在某处，他们往往也想去凑热闹；看到大多数人都购买某件产品，他们很可能也会去购买某件产品。

正是因为流量如此重要，不管是传统企业还是非传统企业，都积极地为吸引流量各出奇招。比如海尔电器（海尔电器集团有限公司）就与中石化（中国石油化工集团公司）签订了框架合作协议书，共同寻求长期的战略合作。在该协议中，有这样一句话“双方试点在各自门店销售对方商品，探索门店相互加盟的经营模式”。从这句话中，我们不难发掘出更深一层的信息。双方是想要相互引流，达成共赢。这次合作可以说是集合了双方优势资源，完成价值的等量交换。

不仅如此，海尔还积极与互联网电商巨头阿里巴巴展开战略合作，达成优势互补。

作为曾经的传统制造业巨头，海尔对实体网络的布局很早。1169（海尔电器H股）旗下的日日顺在全国建立了3万家店，覆盖范围从城市到农村，此外还拥有9个发运基地，90个物流配送中心，2800多个县级物流配送站与17000多家服务商网点。

借助线上的日日顺商城以及线下的营销、物流、服务网络，海尔在全国范围内串成了一张集合了仓储、物流、配送、安装于一体的家电及大件商品销售网络。

我们可以这样说，从电子商务线上线下融合的趋势来看，日日顺的配送体系已经成为一个完美的流量入口，很好地补充了传统电子商务公司在物流环节的不足。

在这种情形之下，海尔最需要强化的就是自身的实力，完善信息交互与支付平台。与阿里巴巴的渠道融合，正好弥补了海尔自身的这个缺陷，可以为其带来海量的流量。

流量所在即是机会所在，这一点在腾讯的发展历程中得到了非常完美的诠释。

腾讯最早开发出QQ的时候，使用QQ是完全免费的。正是因为腾讯的这个免费策略，为其集聚了海量的人气。凭借着这海量的人气与可观的流量，QQ推出Q币和各种会员服务，才会有人买账。

正是因为有庞大的流量做支撑，腾讯在进行并购、收购或者是合并时，才能减少很多阻滞。

比如，腾讯借助微信超高的人气与京东成功牵手，双方达成了流量共享；比如，腾讯凭着手中的QQ和微信，深深吸引了大众点评，得以成功入股大众点评……

那些与腾讯合作的商家，从腾讯那里获得的直接可见的好处并不多，但是他们却都非常乐意与腾讯“联姻”。这其中最大的原因，就是因为这些商家看中了腾讯丰富的流量。不管是QQ还是微信，都是非常强大的引流利器，在QQ和微信平台上汇聚着大量的用户，这些用户就能让商家获得无形的流量财富。这些流量财富才是真正吸引那些想要和腾讯合作的商家的根本所在。

在互联网时代，流量决定着网站的生死；在移动互联网时代，流量则决定着商家发展得好坏。对所有处于移动互联网环境下的商家来说，流量就是企业的生命，没有流量，一切后续的发展都是空中楼阁。因为如此，在这个时代，几乎所有的商家都在追求流量。

不管是积极与互联网巨头合作，还是精心研发自己的移动APP，企业最终的目的，都是为了获取流量。因为，他们都知道，流量汇聚之处必将是商机所在。

社交思维，社交媒体改变营销规则

我们处在一个媒体变革的时代，在这个时代，社交媒体更加发达，信息传递更加便捷。企业的推广与营销也必须要适应时代的变化，制定出新的营销规则，才能避免被这个时代淘汰。

提起营销，小米科技就是一个典型，依靠粉丝口口相传塑造了企业的口碑，几乎所有的营销都在社交媒体上完成。甚至有的营销行为，会被社交媒体上炒作成吸引用户眼球的事件。

业内营销人士常说"公关第一，广告第二"，说的就是社交思维。在社交媒体逐渐兴盛的时代，企业只有具备社交思维，更好地适应这个时代，才能避免被淘汰的命运。

社交媒体受到越来越多的人重视，有着必然的原因。因为，社交媒体的影响力往往是不可估量的，往往能够更好地传递信息。

2011年3月11日，日本大地震发生后，美国的专家来到日本的灾区帮助其重建IT（信息技术）系统。由于带宽不足，日本当地很多大网站都被迫关闭，但Facebook网站却仍然得以正常运营，原因就是Facebook是一个影响力无法估量的社交工具，能够帮助人们建立起联系，对搜索失踪者有帮助。

专家也曾预言，未来几年，社交媒体将成为企业履行社会责任和促进社会变革强有力的推动者。社交媒体将会影响个人、公司以及政府的行为。

随着社交媒体的逐渐普及，人们的思维模式也需要相应地变化，从以往的传统思维模式向社会化思维转变。只有这样，才能更好地适应时代的发展。

在社交媒体唱主角的时代，人们的交流变得更简单，信息交互变得更加便捷。这时候企业家需要问自己两个关键性的问题：“如何最大限度地提升自己的营销效果？如何最大可能地利用社交网络资源？”说到这里，我们不妨看这样一个例子。

一家名为某某金矿公司的开矿企业，到加拿大安大略省的红湖地区开采金矿，却因找不到金矿而面临倒闭。

尽管勘测队的勘测表明此地蕴含着非常丰富的金矿，但公司的地质学家却未能准确给出预估储量，而搜索队也找不到金矿的确定位置。

在一个偶然的机会，时任CEO的罗勃·麦克埃文听说电脑操作系统Linux的发明者李纳斯·托弗是因为在网上公开了自己的编码，让其他人参与编程后才发明该系统的，心中受到触动。

于是，麦克埃文决定打破采矿业的规则，将同行们视为机密的采矿地理位置图公布于世。既然自己公司的地质学家找不到金矿，那为何不让别人来试一试呢？他决定在网上发布金矿公司的所有资料，以便能够寻求帮助。

2000年，金矿公司在网上公布了其"挑战计划"，悬赏57.5万美元，寻找金矿的确切地点。

这个消息公布之后，吸引了数百人出谋划策，其中不仅包括退休的地质学家，还包括在校的学生。

结果大家一共提出了110个建议。金矿公司根据这110个建议进行开采，事实证明，其中五分之四的建议都是正确的。

找到金矿以后，该公司的市值从一亿美元迅速飙升到90亿美元。

集合众人的智慧，这是社交思维最明显的优势之一。通过集合众人的智慧，快速找到解决问题的方法，扩大企业的知名度。这是互联网时代企业最常用的一种营销方式。比如，小米就经常会在社交媒体上搞一些与"米粉"们互动的活动，也经常会在论坛或者"米柚"社区上聆听用户的反馈与建议。集合了大家的智慧，小米的产品变得更加人性化，更加符合用户的使用习惯。

社交思维的不断发展，让这个世界变成了一个舞台，任何一个企业都可以借助社交思维赢得自己的发展机会。

社交思维让市场的格局不断发生变化，前一刻还是竞争对手的企业，下一刻可能就会成为你的合作伙伴。比如，联合利华、雀巢等公司与以前"不共戴天"的对手绿色和平组织这样的非政府机构达成合作。这样的消息如若放在以前，足以成为爆炸性新闻，但是在社交媒体时代，却是再平常不过的事情。

社交媒体时代，需要我们具备社会化思维，打开自己的思路，敢于大胆地想、大胆地做。利用一切可以利用的资源，为扩大企业的知名度与打造企业的品牌而勇敢创新。

大数据思维，大数据成为商业决策的利器

何谓大数据思维？简言之，就是在移动互联网时代以数据指引企业的决策，以数据为依据来进行产品生产，以数据来分析消费者的需求。

在这个科技日新月异，信息高度发达的时代，大数据已经成为企业最宝贵的无形资产之一。在企业进行商业决策的过程中，大数据发挥着重要的作用。举一个例子说明一下。

假设Facebook与星巴克达成协议，任何一位顾客在星巴克店里登录Facebook（脸书）网站，并购买一杯星巴克咖啡后，星巴克就会将相当于咖啡价格1%的钱支付给Facebook。

虽然这笔钱看起来很少，但如果算上一家星巴克门店一天卖掉的咖啡总量，再乘以一年的天数，再乘以全美所有星巴克门店和所有其他国家的星巴克门店的数量，数额就相当可观了。

以星巴克每年能够卖出23亿杯咖啡计算，Facebook通过与星巴克的合

作获得的收入将会达到1000万美元。

我们再假设，Facebook除了与星巴克合作，再和其他一些餐饮连锁机构合作。那么，那些看似微不足道的小钱，很快就会滚成大雪球。

这种假设，在高度发达的移动互联网时代已经渐渐变成现实。当各行各业与各类社交媒体完成合作，通过社交媒体构建起一张庞大的信息网络，企业将拥有更多的发展机会。如果再加上团购、朋友推荐以及GPS定位，等等，那么，零售业会发生巨大的变化。比如，阿里巴巴与“饿了么”合作，开始布局本地生活领域。二者合作，阿里巴巴提供了庞大的数据信息，而“饿了么”则带来了可观的订单，可谓是一项双赢的合作；京东与微信牵手，就是通过利用微信的数据，来进行精准的营销，等等。

在大数据时代，没有大数据思维已经行不通了。那些商业巨头在经营的过程中，利用大数据思维，往往能够更好地把握住市场的先机。

大数据思维的三个维度

说了这么多，企业究竟该如何玩转大数据思维呢？想要玩转大数据思维，必须先要搞明白大数据思维的三个维度：定量思维、相关思维、实验思维。

第一，定量思维。基本的要求是提供更多描述性的信息，基本的原则就是一切皆可衡量。不仅价格、销售数据等客观标准可以形成大数据，就连顾客的喜好（比如对空间、色彩的偏爱等）都可以测量，大数据包含了消费行为的方方面面。换言之，一切皆可数据化。

第二，相关思维。我们处在一个一切皆可互联的世界里，消费者的一些行为在数据上都有着内在的关联性。利用相关思维，可以很好地预测消费者的偏好。

第三，实验思维。一切皆可尝试，大数据所提供的海量信息，可以帮助企业很好地制定营销策略。

大数据思维的这三个维度层层递进，先是描述，接着是预测，最后再产生策略。

美国迪士尼公司曾投资10亿美元对线下的顾客进行跟踪与数据采集，开发出具备位置采集功能的MagicBand（魔力腕带）。游客在入园时佩戴腕带，园方就通过定位系统一目了然地了解到不同区域游客的分布情况，并将这一信息反馈给游客，以便游客选择最佳的游玩路线。不仅如此，用户使用移动订餐功能，送餐人员就能根据腕带的定位准确地将快餐送到用户的手中。

迪士尼利用大数据不仅提升了用户的游玩体验，而且有助于疏导园内的人流，采集来的顾客数据更是他们进行精准营销的宝贵资源。

大数据时代，一切皆可互联，一切皆可数据化。企业只有具备大数据思维，才能在这个时代过得更好。比如，外卖送餐企业在送外卖的车上安装了一套软件和追踪系统，大量采集外卖配送过程中的数据，包括什么人、订了什么、经过哪条路线、外卖车到了哪里……然后通过对这些数据的分析，就可以总结出哪家外卖比较受欢迎，哪条路线送餐最快捷。这样的分析结果能给商家提供更好的备料建议，并让商家更好地规划高效合理的送餐路线。

当然，数据的运用领域非常广泛，在各行各业、各个领域中都有用武之地。比如，在产品制造领域，商家可以对用户提前进行调查，搞清楚用户的需求所在，利用大数据思维展开C2B经营。

在传统商业时代，判断一个企业实力是否雄厚，要看这个企业的规模与资本。但在移动互联网时代，判断一个企业实力是否雄厚，就需要加上一个大数据。一个企业是否拥有丰富翔实的数据，或者是否能够充分地利用大数据进行生产经营，都直接影响着企业的发展。

所以，我们建议，各行各业在移动互联网时代一定要具备大数据思维，一定要重视大数据。如果自身并不具备丰富的数据资源，那么就要积极与拥有丰富大数据资源的互联网企业合作。比如，京东与微信牵手，形成了资源共享；阿里巴巴和银泰联姻，形成了优势互补。

随着时代的发展，大数据中所蕴含的金矿将会被无限地挖掘出来。企业只有具备大数据思维，才可能在“全民淘金”的时代，淘到属于自己的金子，铸就属于自己的辉煌。

场景思维，场景是移动互联网最主要的入口

随着移动互联网的发展，各大商家、企业都在积极抢占移动互联网的入口。比如，阿里巴巴占据了支付宝的支付入口，腾讯占据了微信支付入口。

在这个人与人之间交互越来越频繁的时代，场景搭建已经成为商家吸引用户、出奇制胜的一种必备条件。通过场景的搭建，百度将用户与信息完美对接，京东将用户与商品完美对接，美团则将用户与本地生活完美对接，河狸家将用户与美甲师完美对接……

商家所有的对接其实都有着一个非常重要的目的，那就是将流量变为收益，生成共享的经济模式。

场景革命正在做的事情就是为人们打造出一个可以引起情感共鸣、吸引用户消费的契机。

场景原本是影视用语，指戏剧、影视剧中的场面，或者是各种人物关系构成的具体画面，或者是通过人物行动来展开某个情节的具体过程。一个个不同的场景讲述了一个个完整的故事。场景不同，其意义也不同。

然而，当场景这个词语被应用到互联网领域的时候，其内涵就完全不一样了。互联网领域的场景，常常是与社交、游戏、购物或者支付等互联网行为相关的，通常我们将其称之为应用场景。

关于互联网领域的场景，被普遍认同的一种解释是一种连接方式。比如，人们扫描二维码，就能将人与商品或者人与优惠活动连接起来。酒店类企业的O2O化也经常会出现一些典型的场景，比如通过手机扫描360度全景看房、选房、客房微服务，等等。通过某个APP或者是微信接入，酒店能够构建出以客人为主导的营销服务模式，搭建出以服务客户为主旨的酒店场景。

这种应用场景常常能够触动用户的某种情感，使用户沉浸在体验式的状态之中，或者是让用户长时间地停留在某个应用形态中，比如，现在不少用户都很依赖微信、游戏以及电视剧视频，这样一来，微信、游戏以及电视剧视频就是理论上的入口。如果人们沉浸在某种体验或状态中，从而能够通过微信支付或者支付宝支付完成诸如用车、购物、团购等交易，这样的场景搭建就是很成功的。

2015年12月23日，百度糯米携跨年贺岁剧《西游记之孙悟空三打白骨精》，在京举行了“猴年万家欢宴”战略合作发布会。

在这次发布会上，百度糯米披露，在运用前沿的技术手段挖掘出用户行为的大数据，并充分分析这些大数据的基础上，百度糯米正在探索美食、酒店、电影与KTV等领域的O2O联合消费场景搭建，想要搭建出O2O生态营销的全新模式。

百度副总裁、百度糯米总经理曾良在发布会现场发表了主题演讲，在演讲中他提到了这样一个观点："本地化的O2O生活服务与人们的生活联系已经越来越紧密，'连接人与服务'已成为百度的使命，但服务的连接实际上离不开用户所处的吃喝玩乐的场景。"

从曾良的话中我们不难得出这样一个结论：利用先进的技术应用以及创新的产品，根据每一个用户所处的位置、出现的时间以及所产生的行为等三种需求构建用户的"场景生态"，为用户提供场景化、个性化的时尚消费服务，将会成为未来百度糯米的竞争优势所在。

的确，随着各类移动设备以及智能终端的不断涌现，互联网与人们的生活产生了千丝万缕的联系。人们只需要拥有一部智能设备，生活中的很多问题都能迅速得到解决。比如说，人们通过手机上的打车APP能够快速搜索到附近的车辆，顺利打到车；比如说，人们通过手机上的外卖APP能够迅速知晓附近最知名的美食，吃到最地道的美味。

移动互联网的迅速发展，让人与人之间的沟通变得越来越简单，同时也催生了一种共享的经济模式。而移动互联网与共享的经济模式正在彻底地改变着我们生活的方方面面，其中最明显的表现就是产生了一种越来越依赖网络的生活消费模式。

举个例子，一个人使用百度地图，通过百度地图可以直接链接到优步的订单页面或者是美团、饿了么的下单页面。

与此同时，人与人之间交互的便捷性催生的共享式经济模式，也在不断地丰富着我们周围的场景。比如，某人在某家餐馆吃了一道味道不错的菜，然后发到朋友圈分享，这一条分享就可能会吸引到该用户的很多朋友前来品尝与试吃。

人与人之间的链接与共享，衍生出了一个崭新的小世界。在这个小世界中，不同的个体以不同的方式被连接到一起，形成了一个个独特的场景，这种场景不仅能够形成独特的体验，还能促成某种消费，创造出独特的价值。

场景思维，不仅是互联网时代一种必要的思维方式，更是企业在互联网时代生存能力的一种体现。是否能够搭建出适合消费者情感体验的场景模式，在很大程度上影响着企业在互联网时代的发展。

平台思维，平台战略决胜企业未来

随着互联网的不断发展，出现了越来越多的互联网平台，如电商平台阿里巴巴、搜索平台百度、即时交流平台腾讯等，这些平台为用户提供越来越丰富的互联网资源。越来越多的中小企业利用互联网的平台资源，创新自己的商业模式，推动自己在互联网潮流中华丽转型，实现了可持续发展。互联网平台对于互联网企业与中小企业都有利，所以越来越多的企业开始实施"平台战略"。

现在，互联网的平台越来越丰富，其中阿里巴巴、百度、腾讯这三大互联网巨头都倾力打造自己的互联网平台，为越来越多的企业提供了商业模式创新的便捷服务。阿里巴巴打造了四类互联网平台——第一类是阿里巴巴电子商务平台，包括B2B业务、淘宝、天猫；第二类是金融平台，包括支付宝、余额宝；第三类是数据平台；第四类是物流体系——为用户提供了创业的便利平台。比如，刚毕业的大学生，就可以利用淘宝这个平台顺利开网店；中小企业要想向互联网转型，可以先利用天猫这个平台，实现O2O的全面贯通。现在成熟的互联网平台为创业者提供了低投入、快速成功的渠道。

企业实施平台战略，是为了满足用户的体验。在传统的商业模式中，企业的东西销售出去就万事大吉了；在互联网的商业模式下，企业把产品卖出去，用户体验刚刚开始，企业需要随时与用户互动，了解用户的反馈，并不断地改进产品、创新产品。比如小米打造了小米用户开发平台，实施平台战略，售出了第一代小米手机。小米随时与用户沟通，了解用户的体验，并把用户的需求作为第二款手机创新的依据，所以小米每一款手机都能获得“米粉”的喝彩。正是因为实施平台战略，小米实现了与用户的及时互动、无障碍交流，推动了小米手机的不断改进、创新。

实施平台战略，创新商业模式，可以给企业带来很大的回报。互联网平台战略的实施让互联网巨头通过自己的平台实现了丰富的应用，极大地满足了用户的需求，吸引了更多的用户。那些中小企业、创业者实施平台战略，利用已有的互联网平台，能够使自己的产品在短时间内获得巨大的流量和用户，在几个月内就能获得可观的回报。平台战略往往能使平台提供者和应用商实现双赢。

最近几年，腾讯大力实施互联网平台战略，不断开放自己的平台，为开发者和自己都带来了丰厚的收益。

2015年10月22日，腾讯在重庆举行了“2015腾讯全球合作伙伴大会”。腾讯公司首席运营官任宇昕对外公布了《2015“互联网+”白皮书》，分综述、“互联网+”产业、“互联网+”众创、“互联网+”开放能力矩阵、“互联网+”微信政务民生、“互联网+”指数6个大项及33个小项，阐述了如今的互联网经济状况。

另据《2015移动互联网蓝皮书》公布的数据，中国移动应用开发者的数量已经超过了300万人，同比增长约16%，移动应用生态链初步形成。

腾讯实施平台战略不仅给开发者带来巨大的收益，而且腾讯自己也从开放的平台中获得可观的收益。腾讯从开放的平台中获得利益，又不断加大力度实施平台战略，对开发者实施平台扶持政策。

《2015"互联网+"白皮书》显示，腾讯开放了平台，创新了商业模式，腾讯开放平台后的商业模式是通过应用社交广告、应用流量采购实现了流量变成现金的赢利模式。腾讯在《2015"互联网+"白皮书》中明确了对中小游戏开发商的扶持政策。政策的具体内容是：游戏月销售额超过3500万元，将获得腾讯游戏平台3%的奖励；月销售额超过4500万元，将获得腾讯游戏平台4%的奖励；月销售额超过5500万元，将获得腾讯游戏平台5%的奖励。

腾讯游戏平台对中小游戏开发者推出扶持政策，将会极大地鼓舞游戏开发商的入驻，为腾讯游戏平台不断注入创新元素，满足用户需求，从根本上促进腾讯游戏平台不断壮大。

《2015"互联网+"白皮书》显示，2015年移动单机用户规模1.95亿人，环比增长28%，移动网游用户规模2.46亿人，环比略跌5%；2015第二季度，单机+网游双栖用户占比达到34%，随着单机游戏品质提升，只玩网游的用户也开始接触单机成为双栖用户，这个就给网游开发者提供了一定的启示，可考虑投入单机游戏研发，满足市场需求。

游戏开发商与腾讯合作，最大原因就是基于腾讯游戏平台所带来的巨大资源。腾讯平台通过整合游戏产业链上的资源，促进了游戏产业链中企业的进一步合作，从而催生了一种健康、共赢的商业模式。

企业实施平台战略，相当于站在巨人的肩膀上，能够有效地利用资源，获得快速成长，节约资金投入。那些没有自己平台的中小企业和创业者，需要实施平台战略，最明智的做法就是善用现有平台，不宜自己做平台。纵观现有的互联网平台，哪个在成长过程没有历尽艰难困苦，哪个没有“烧过钱”，哪个不需要天时地利人和？

企业在实施平台战略时，亲自去搭建平台，往往是“烧了钱”，却得不到想要的效果。所以我建议，没有自己的互联网平台的企业、创业者积极利用已有的互联网平台，比如微信平台，一样可以聚集大量的用户。我并不是十分支持企业、创业者自己做平台。俗话说，罗马不是一天建成的，平台也不会一天就建成。

互联网企业不遗余力地建设自己的互联网平台，壮大了自己的互联网生态系统。互联网平台吸引了更多的用户，现在互联网平台已经发展起来了，越来越多的互联网企业开始推行平台战略，一方面不断促进商业模式创新，一方面使自己的生态系统越来越丰富、越来越健康。互联网企业推行平台战略，最终的目标是有效利用资源，不断创新商业模式，实现皆大欢喜的共赢局面。

互联网企业不断开放自己的平台，大力推行平台战略，为自己的平台引进了创新的元素，更好地服务自己的用户。那些中小企业和创业者，看到了互联网平台的丰富资源，也开始实施平台战略，积极接入平台，利用平台庞大的用户流量，创新自己的商业模式，极大地缩短了获取利润的周期。由此可见，在互联网的浪潮中，企业要实现商业模式的创新、要实现快速盈利的目标，实施互联网平台战略是明智之举。

跨界思维，跨界才能构建商业生态圈

我曾在网上看过这样一个笑话：“一辆宝马车，冲进了西湖，撞死了一条鱼。这条鱼做梦都没有想到自己会被车撞死。同理，干掉你的不一定是同行，很可能是跨界的人。”

跨界已经成为互联网时代的一种趋势，商业界出现了越来越多的跨界经营。跨界经营成为新时代企业自我调整、浴火重生的法宝。越来越多的企业为了避免被竞争对手超越，选择自我调整，主动跨界经营。做电脑起家的苹果公司主动跨界经营手机，重新定义了智能手机，超越了传统的手机巨头摩托罗拉、诺基亚，实现了飞跃式发展。苹果的跨界经营很成功，彰显了跨界经营的优势。跨界经营，能够使企业寻找到更多突破商业模式的机会，获得更多的盈利渠道，从而提高企业应对金融风险的能力，实现企业的可持续发展。

跨界经营是互联网跨界思维在商业活动中的运用，是企业向互联网积极转型的一种表现，体现了互联网思维。跨界经营为企业带来了多元化的盈利模式，在竞争激烈的经济环境中，无疑给企业的发展开辟了一条新的可供选择的道路。每一次的金融危机，对有的行业影响很大，对有的行业影响很小。就好比靠天吃饭的农民，在种庄稼的时候，选择多种农作物，如适合春夏生长的豌豆，适合秋天生长的荞麦、萝卜，耐旱的高粱、玉米，这样搭配着种植，就会避免颗粒无收，降低了风险。跨界经营也是这个道理。毕竟，金融危机带给企业的风险是难以准确预测的，所以，跨界经营将会成为未来产业的发展趋势。

经历了互联网革命，全国的实体书店幸存下来的寥寥无几。那些存活下来的书店正在向互联网企业转型，正朝着产业化的道路前进，跨界经营成了传统书店向互联网转型的必经之路，成为传统产业东山再起的最好出路。

进入互联网时代，电子书的出现改变了传统的文化产业，传统的书店面临着巨大的生存危机，危在旦夕。大批的实体书店关门，可谓一片凄惨。在这样严峻的生存环境下，有一些实体书店却逆袭成功，成为城市实体书店的坚守者，为城市的读者提供便捷的阅读服务。其中一个书店就是方所书店。

传统的书店方所积极地向互联网转型，运用互联网跨界思维，主动进行跨界经营，终于寻找到突破固有商业模式的机会，走出发展的瓶颈。方所通过跨界经营实现了成功转型，避免像自己的同行那样被互联网浪潮吞没。

方所在这场互联网的浪潮中，经过积极探索，认识到要获得新的商业赢利模式，必须了解自己所在城市的市场经济特征和用户的消费心理。从城市的发展来说，城市需要摩天大楼，也需要深厚的文化内涵，这就需要文化载体，而书店就是彰显文化内涵的最好载体。缺少文化内涵的城市，即使经济再发达，也不会成为人们向往的地方。比如，广州有商业之都的美称，却因缺少文化内涵而被人非议。方所看到了书店在城市中的分量，看到了书店仍然可以满足市民精神文化的需求。但是书店要自己养活自己，就需要找到新的赢利模式，更直接地说，书店要找到更多的盈利渠道。经过不断的探索，方所用互联网思维武装自己，实现了脱胎换骨。方所以崭新的面孔与广州的用户见面。超大的商业空间占地1800平方米，内设书店、美学生活区、咖啡区、服饰时尚区，打造了一个全新的自营文化空间，为节假日的人们提供多功能的休闲场所。

方所走出了书店只卖书的传统商业模式。方所的书店面积仅有500平方米，相对于总的营业面积来说并不大。方所还配有服装区、咖啡区等，这是方所不同于传统书店的地方。方所名义上是一家书店，实质上已经成为一家文化体验生活馆。方所的书店已经不是盈利的核心，而是人们购物之余的调剂品。

方所开启了新的商业经营模式，每逢节假日，这里的咖啡区座无虚席，收银台前总有人交费。方所超高的人气，在于它营造了一种全新的购物环境，人们在这里看书看累了，可以到咖啡区喝一杯咖啡，可以看看时装；购物走累了，到书店坐下看会儿书，既能休息又开眼界。而且方所的书都是精装书，网上很难买到，仅此一点就吸引了许多图书收藏爱好者。

方所书店以新的商业模式经营了两年多，利润持续稳定地提高，证明了这种经营模式是成功的。

方所的成功转型告诉我们，现在进入了体验式经济时代，当人们的物质需求满足了，就会追求更高层次的精神文化需求。方所在努力满足人们的精神文化需求的前提下，通过与艺术、设计、服饰产业相结合，旨在服务追求精神文化需求的消费者。

方所跨界经营幅度很大，以书店为基础，有文化产业的画廊，有餐饮业的咖啡馆，有零售业的服装、家居店。这些使方所突破了传统的书店，成为小型购物中心。方所在书店中经营咖啡、服装，仅仅把书店作为一种平台，为其积累人气，而不作为盈利的核心，主要靠经营文化百货和服装来为书店"输血"。方所的精品生活用品、服装贡献了60%的营业额，书店更多地成为其配套设施。

方所以图书为招牌，靠延伸产业赢利，说明书卖得好不好已经不重要了。方所的跨界经营，也是文化营销的成功。

传统的书店方所，用跨界经营的方式，终于在互联网的浪潮中，突破了自己原来的商业模式，找到了商机，获得了发展。方所的这种跨界经营，为我们指出一种趋势：未来的实体书店将以一个载体存在，单纯的售书模式已经终结，多元的跨界经营前景光明。那些小型的购物中心也可以积极尝试跨界经营，可能会带来惊喜。

除了传统的企业在向互联网转型的过程中采用跨界经营外，那些典型的互联网企业也在运用跨界思维积极开展跨界经营。做电商的阿里巴巴涉足文化产业，2014年6月认购“文化中国”新股，成为“文化中国”的第一大股东，进而将“文化中国”更名为阿里巴巴影业。阿里巴巴还购买了恒大足球俱乐部50%的股权，表明了阿里巴巴进军文化领域的决心，也体现了阿里巴巴跨界经营的思想。

此外，做即时交流软件的腾讯，早就想进军文化产业，2014年6月份进军电影产业，投资了几部商业大片。互联网搜索引擎巨头百度，早就开始涉足百度音乐、百度视频。2014年7月，百度旗下的爱奇艺涉足影视文化，宣布成立爱奇艺影业公司。这些互联网企业积极跨界经营，显示出互联网经济的一种发展趋势——大互联，只要你敢想，只要敢跨界，就会打破传统的商业规则，成为互联网浪潮中的弄潮儿。

跨界经营基本上有三种类型。第一种是同行业内，跨用户边界，从高端跨到低端。如小米手机，起初的小米手机定位是高端手机用户，后来推出红米手机拉拢低端用户。第二种是不同行业之间的跨界。如“雕爷”（孟醒）创办的企业，从“阿芙精油”到“雕爷牛腩”，由美容业跨向了餐饮业。第三种，既跨用户边界又跨行业。如特斯拉的创始人艾伦·马斯克原来做创新美国在线支付PAYPAL（贝宝），却做起了电动汽车特斯拉。互联网的跨界经营，让八竿子打不着的事情有了千丝万缕的联系，不断创造着商业的奇迹。跨界经营让有创新才华的企业家找到了迅速突破商业模式的良机。

跨界经营目前有两个显著的特点。第一，跨界经营可以有效分散企业的经营风险，拓展企业的市场空间。微信的跨界发展，无疑拓展了腾讯的市场空间，增强了腾讯的竞争力。第二，跨界经营能够实现优势互补，实现共赢。如阿里巴巴跨界投资体育文化，与恒大足球俱乐部合作，能够更好地推广阿里巴巴，恒大足球俱乐部获得阿里巴巴12亿元的雄厚资金，能够减少其足球俱乐部的资本危机，实现俱乐部的可持续发展。正是由于跨界经营的这些特点，传统企业通过跨界经营，才能在互联网中实现转型；互联网的企业采用跨界经营，才会越来越强大。

第四章

创新、创意、创未来

在这个大众创业、万众创新的时代，创新与创意决定着一个企业的未来。对于任何一个企业而言，创新都是发展最强大的动力，创意则是不断发展的根本。一个企业只有不断地萌生创意、进行创新，才能创造出更加美好的未来。

"互联网+"，让一切与互联网相关

从2015年到2016年，有一个词频繁地出现在各互联网专家的论断之中，这个词就是"互联网+"。在互联网经济高度发达的今天，如果你还不知道什么是"互联网+"，那么你很可能就会在时代更迭的大潮中被淹没，无声无息地消失在残酷的市场竞争中。

这是一个适者生存、优胜劣汰的时代，我们只有更好地适应这个时代，才能在竞争中如鱼得水。

当今时代的一个显著趋势就是各行各业都在积极接触互联网，不管是农林牧副渔，还是工商游购娱，都在努力搭建自己的互联网营销渠道，或者是接入互联网营销平台。

在整个市场经济都在趋互联网化的今天，企业只有搭上"互联网+"的快车，才能快速取得成绩。

在2015年的政府工作报告中，李克强总理首次提到"互联网+"概念，并提出将要制定"互联网+"行动计划。李克强总理也曾在公开场合表示，用好“互联网+”这个有力的工具，就能使中国的经济快速腾飞。

事实的确如此，马云参透了“互联网+”的奥秘，积极在互联网领域布局，接连做加法，影视、外卖、旅游、金融……几乎在各个领域我们都能看见阿里巴巴的身影。阿里巴巴不断地增加自己的业务，在“互联网+”时代织了一张很大的网。它想要占据的不仅仅是已有的电子商务领域，更是与人们生活相关的各行各业。

不只是马云，腾讯这些年在马化腾的带领下，也一直在做自己的“互联网+”。凭借着强大的社交资源，腾讯先后与零售巨头京东、本地生活巨头大众点评网等合作，展开了自己的“互联网+”布局。靠着微信、QQ与QQ浏览器上凝聚的强大流量，腾讯与各领域巨头的合作进行得非常顺利。马化腾的互联网帝国，也从社交领域延伸到旅游、外卖、地图、百货、影音等领域。

互联网行业的后起之秀小米也不甘落后，在雷军的领导下，积极向“互联网+”转型。从成立到逐渐成长为可以与BAT比肩的互联网巨头，小米成功的案例就非常有价值和借鉴意义，能够给传统企业不小的启示。

小米发展“互联网+”的五步走

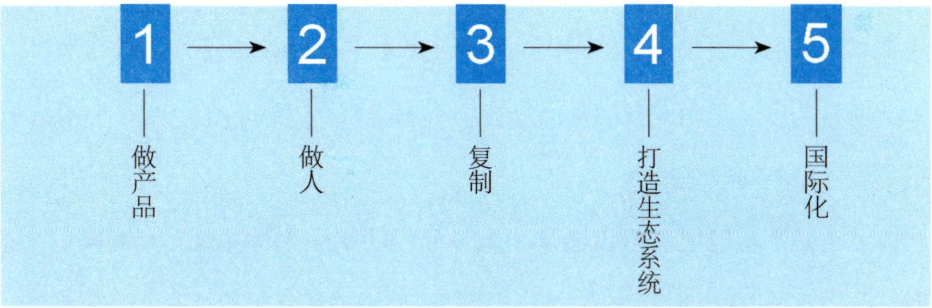

雷军将小米发展"互联网+"的过程分为五个层次。

第一个层次是做产品。小米最先闯进公众视线的时候，靠的就是过硬的产品。小米做的产品几乎每一款都可以称为"爆品"。过硬的品质、超低的价格，为小米创造了良好的口碑。

第二个层次是做人。"互联网+"时代，消费者与企业之间单纯而冰冷的物质关系结束了，小米更加注重"情感营销"。通过与用户的情感链接，先培养出用户的忠诚度，然后才衍生出企业的美誉度与知名度。在小米不断做大做强的过程中，强调的就是情感，而非功能。

第三个层次是复制。小米最大的成功，就是摸索出一个成功的商业模式后，不断地把这个商业模式复制出去。小米不仅将这种成功的模式复制到小米手环、小米移动电源、小米盒子、小米活塞耳机、小米摄像头、小米净水器、小米家装、小米智能血压仪等各个产品的销售过程中去。

第四个层次是打造生态系统。小米的"互联网+"转型高明之处在于小米在一步一步地打造着属于自己的生态体系。在小米"帝国"里，存在着三个小米：第一个是小米的米优系统，其中包括小米的内容、服务等；第二个是小米的硬件系统，其中包括小米手机、路由器、小米电视等；第三个是小米投资的很多智能硬件，但据雷军所言，这个体系还没有完全建立起来。

第五个层次是国际化。当一个企业发展到一定阶段以后，一定不会局限于在本国发展，而是会走出国门。小米走的就是国际化道路，从目前来看，俄罗斯、印度、东南亚各国都已经有"小米之家"入驻。在印度，小米还获得了塔塔集团的战略投资。

无论是阿里巴巴、腾讯还是小米，他们的掌门人都深谙"互联网+"之道，在"互联网+"时代来临之际，紧锣密鼓地展开自己的互联网+布局。

通过观察，我们会发现，互联网已经渗透到我们生活的方方面面，只要是有人的地方，就一定会有“互联网+”的产品。

这其实很好地佐证了一个事实，互联网是一股能够带动经济快速发展的巨大力量，如果企业能够借势而起，那么很可能会扶摇直上。

在国家大力提倡“互联网+”行动计划的关键时期，摆在任何一个企业面前的机会都是平等的。只要企业相机而动，就可以顺利地与经济发展的快车道接轨，迎来企业全新的未来。

走进大众创业、万众创新的时代

随着2015年李克强总理在全国两会上提出“大众创业，万众创新”的口号，全国范围内掀起了一股创新、创业的热潮，各行各业都步入了大众创业、万众创新的时代。

在这个时代，创新、创意是支撑一个企业发展的根基，一个企业只有具备创新的思想，能够经常迸发出好的创意，才能更好地适应这个时代。

2015年10月，在参加全国双创周启动仪式时，国务院总理李克强在仪式结束后发表了即席讲话。在讲话中，李克强表达了这样三种观点：

第一，汇聚世界智慧，为我所用。

在双创周开幕的当日，李克强总理考察了深圳柔宇科技有限公司的超薄柔性显示项目，并了解到该公司的6位创始人都是“海归”博士。总理对此发表了看法，说只要是人才，只要有志于创新，无论是什么肤色、什么国籍的人，中国的大门永远是一条绿色通道。要汇聚世界智慧，为我所用。

第二，创新、创业者是时代的英雄。

这是一个竞争激烈的时代，创业意味着要承担失败的风险，敢于迎难而上的人毫无疑问就是时代的英雄。在双创周上，李克强总理对一位经营九寨沟民俗风情街的藏族大学生说，创意产品不仅能够带活旅游业，也能带动制造业。

双创不分地域、民族，不分年龄、阶层。不同时代有不同时代的英雄，创新、创业者就是今天这个时代的英雄。

第三，双创时代，为所有创业者提供公平的竞争机会。

李克强表示，大企业员工和草根创业者通过创新创业，都可以成为更多财富的创造者和拥有者。

这既是收入分配结构调整的重要内容，也能促进社会的公平正义。大众创业、万众创新为所有人提供了公平竞争的机会，让有能力的人通过自身奋斗获得上升通道。

大众创业、万众创新的创业热潮席卷全国，让更多的有志之士有了施展抱负的平台。

法国“创客”内纳德就是一位赶上了中国“双创”潮的幸运儿。内纳德是Red编程语言的发明人，目前是Full stack（全栈）公司的首席执行官。

在内纳德十多岁的时候，他对编程产生了浓厚的兴趣，他觉得在那个虚拟世界中，可以像堆积木一样充分发挥创造力。这深深地吸引了他。在大学期间，他主修数学和物理学。由于对信息技术有着浓厚的兴趣，他又换了专业。这些都为他后来参与专业的编程工作打下了坚实的基础。

2011年初，内纳德卖掉了自己刚开始创业时的一家软件开发公司的股份，全身心投入Red语言的开发中。他想要借助Red语言，为信息技术复杂的编程操作制作出更为简洁的方案，从而改变人们对编程语言的可控性。

创业之初，内纳德遇到的最大问题不是技术方面的，而是那些对他所从事的事业发出质疑的声音。别人都告诉他，创业太难了，他的想法是不现实的。

Red项目渐渐有了起色，质疑声也渐渐转变成了支持与鼓励的声音。

但是内纳德使用自有资金开发项目，资金成为他创业的一个短板。资金捉襟见肘，让他的创业道路步履维艰。

就在这个时候，在遥远的中国，正在掀起"大众创业，万众创新"的高潮，越来越多能够满足大众需求的孵化器和创业空间等创业服务机构应运而生。

在这场创新创业的潮流中，李开复的创新工场向内纳德抛出了橄榄枝。通过为期一个月的考察，内纳德被中国经济发展的现状吸引了。在中关村的咖啡馆里，他遇到很多有激情、有梦想的年轻创业者，感受到浓浓的创业氛围。这让他看到了希望，于是决定接受李开复创新工场的邀请，加入创新工场的EIR计划，为到中国创业做准备。

现在，他的公司已经获得了创新工场与CSDN联合投资的50万美元启动基金。

内纳德感受到中国浓浓的创新、创业氛围，希望中国更多的投资机构向外籍创业者伸出橄榄枝。

其实，在大众创业、万众创新这个大趋势下，不仅仅是内纳德，越来越多的草根创业者都已经感受到社会环境的改变和政策、机构对创业者的支持与鼓励。

在这个时代，只要你有好的创意、好的想法，只要你敢去将这个好的创意与想法付诸实践，你就能成为这个时代的英雄，取得让世人惊艳的成绩。

"互联网+"时代，有创意就有内容

在"互联网+"时代，只有那些富有创意的产品，才能让消费者主动埋单。只有那些富有创意的产品，才会蕴含丰富的内容。

那么，怎样的产品才算是有创意、有内容的产品呢？从根本上说，它要符合一个标准，那就是满足用户的个性化需求。

用户的个性化需求，要求互联网产业为客户提供个性化的服务，提供一站式的便利服务。想要提供这样的服务，就需要企业不断开发个性化的产品。

就拿我们最熟悉的手机的发展轨迹来说，手机的基本功能是通信，最早的手机只有打电话、接电话的功能，后来逐渐发展到可以发送短信。由于手机便于携带，人们希望手机能够满足自己的更多需求。爱听音乐的人，整天听MP3，特别希望手机有播放音乐的功能，于是手机制造企业为手机增加了播放音乐的个性化内容，受到了用户的欢迎；爱好拍照的用户，整天拿着相机，希望手机有拍照的功能，减少自己携带的设备，于是手机制造企业为手机增加了拍照的功能，受到了这类用户的喜爱；整天携带笔记本上网的用户，希望手机有上网的功能，于是手机制造企业为手机增加了上网的软件，受到了这类用户的喜爱。

人们越来越依赖手机，人们有时会为几十元钱斤斤计较，但是面对上千元的手机，眉头都不皱一下就会“阔绰”出手。因为一部手机能够满足用户通话、发信息、听音乐、拍照、上网等个性化的需求。手机产业要发展，肯定要不断地注入一些有创意的、操作性强的元素，满足用户个性化的需求。

不仅是手机制造产业，其他产业想要在互联网中游刃有余地发展，也需要根据消费者的需求，不断为产品增添一些创意。只有这样，企业生产出来的产品才能更加符合消费者的使用习惯，迎合消费者的心理。

在“互联网+”浪潮的席卷下，传统文化产业受到互联网的强烈冲击。如果不想被淘汰，就必须积极向互联网文化产业转型，才能重获生机。于是，那些觉醒的文化产业，开始积极推出个性化的内容服务，采用便捷高效的传播渠道，试图寻求新的商机。文化产业中的报刊、出版社、电视台都在积极向互联网产业转型，积极建设自己的新媒体平台，以便发挥自身的内容优势，不断为用户提供增值服务；网络影视、网络游戏、互联网增值、搜索引擎、移动增值等新型的互联网文化产业兴起，吸引了大量用户，为产业发展铺平了道路，从而增强了文化产业的竞争力。文化产业走互联网产业的道路，坚持创造个性化的内容，就会走得更远，获得充分的盈利空间。

在生产制造产业方面，制造业巨头海尔集团的总裁张瑞敏曾说过：“互联网时代不是做产品而是做个性化需求。”换句话说，就是用户需要什么，我们就生产什么。海尔在这方面也积极实践，提出“我的冰箱我设计”，满足用户对冰箱的个性化需求。海尔克服一系列技术难度，为客户的冰箱注入了个性化的内容，受到用户的好评。

产业互联网成为一种发展趋势。传统企业、互联网企业要发展，都要走产业互联网的道路。互联网产业，就是要通过个性化的内容、个性化的服务，不断使产品获得增值。传统的单一经营模式，受到巨大冲击。过去卖什么靠什么盈利的商业模式受到了挑战。互联网产业原来的核心产品、盈利产品，现在成了基础设施。如生产杀毒软件的企业，杀毒软件变成了产业的基础，成了企业的“水”和“电”。

众所周知，360是一家以杀毒软件著称的互联网企业，但是它却不销售杀毒软件，而是让用户免费使用。这得到了用户的一致好评，为此360获得了巨大的流量和用户，用户把360推上了互联网安全行业的宝座。如今，互联网界无人不识360。360因此拥有了自己的品牌和影响力，然后做搜索引擎，发展广告产业，为广告客户提供精准、高效的营销，获得了丰厚的收益。

360盈利成功，就是因为深谙互联网产业发展之道。360的“掌门人”很明白，想要在这个时代发展就必须要不断地增加创意，不能从基础产品获利，那就从周边产品获利。360杀毒软件不断增加产品的个性化内容，功能越来越全面、丰富，正是它为自己的安全软件产业持续注入个性化内容的体现。如今，360形成了互联网安全软件、搜索引擎和广告的产业链，竞争优势不断增强。

未来的产业属于有内容的产业。现在无论是大企业还是小企业，无论是大商场还是小门店，都在走互联网产业路线，都在用个性化的内容提升产品的价值，为用户提供优质服务。传统的书店走到今天，也已经在向互联网产业发展。互联网浪潮淘汰了很多传统的书店，但是书店并没有全军覆没，仍然有一些书店门庭若市。这些门庭若市的书店，改变了原有的商业模式，不再靠销售书籍谋生，而是围绕用户的需求，发展书店产业。它们把文化色彩作为书店产业的基调，营造有书香韵味的消费环境。互联网时代的书店产业，不仅要有优质的书籍，而且要有可供休息的舒适环境、可满足日常购物的消费环境。

互联网时代的产业，就是围绕用户的个性化需求，不断增加创新、创意的元素，为自己的产品注入个性化的内容，增加产品的附加价值，优化服务。只有坚持不懈地用个性化的内容武装互联网产业，才无须为企业的发展前景担心。个性化的内容是互联网时代产业发展的引擎。只要拥有个性化的内容，互联网时代的产业就会飞得更高、走得更远。

一切商业都是文化创意产业

在商业界流行这样一句话："一切产品都是设计出来的。"设计这个词就很值得玩味。一个产品是否能够受到消费者的喜爱，是否能够拥有发展前景，设计这个环节发挥着非常重要的作用。

比如，小米在生产产品之前，都会进行用户调查，了解用户的使用习惯及用户的喜好，这样产品生产出来以后，往往会更受用户欢迎；海尔在进行新品研发设计之前，也会进行实际调查，努力让新品更符合用户的预期。

小到一件产品，大到一个产业，其实都是如此。一切商业活动都是需要设计的，一切商业都是文化创意产业，需要融入人的智慧与思想。

以电视产业为例，在目前的电视产业市场中，电视综艺节目长期被梦想、婚恋为主题的节目所占领，其中《中国梦想秀》、《非诚勿扰》深受观众的喜爱。

然而，在人们迷上梦想秀、婚恋节目的时候，一档内容独特的综艺节目《爸爸去哪儿》横空出世，一下子吸引了众多观众的眼球。

《爸爸去哪儿》的播出，给很久没在内容上进行创新、发挥创意的综艺节目，注入了创新元素；为整天围绕梦想、婚恋节目转的观众，送来了一缕清风；对长期以大人为主角的综艺节目，进行了大换血，让萌娃们成为综艺节目的核心人物。节目场景从华丽的舞台转到了以自然风光为背景的野外，给电视荧屏带来了新鲜的空气。

《爸爸去哪儿》的独特之处可以用几个词来概括：生活体验、亲子交流、星爸萌娃。正因如此，这个综艺节目意外地造就了不少旅游旺地。《爸爸去哪儿》创下了文化产业走红带动旅游产业火爆的经济效益，不仅成为电视里的好节目，而且成为旅游界的“好导游”，成为经济界的热门话题。

《爸爸去哪儿》的独特内容，特别是以旅游为主题的生存体验方面的内容，带动了节目中的旅游景点的发展。节目中的旅游景点成为让观众心驰神往的旅游胜地，尤其是让年轻父母和孩子向往的假期旅游胜地。

《爸爸去哪儿》是2013年第四季度综艺节目的龙头湖南卫视打造的一档重磅综艺节目。湖南卫视花巨资从韩国买进了《爸爸去哪儿》的版权，结合中国观众的需求和中国文化特点，进行了内容上的创新。《爸爸去哪儿》在韩国的名字叫《爸爸！我们去哪儿？》，主要侧重于综艺。湖南卫视制作的《爸爸去哪儿》偏重于亲子沟通，模特张亮教育儿子天天主要是通过言传身教的方式，林志颖教育儿子的时候，总是蹲下与小小志耐心沟通，都受到了观众的好评。《爸爸去哪儿》独特的内容体现在三个方面：第一，使明星的家庭生活首次公开，特别是把明星与子女相处的方式真实地展现出来；第二，摆脱了才艺秀的模式，追求真实；第三，到偏远的农村和比较自然的野外环境中进行生存体验。

为了达到生存体验和真实的亲子沟通的要求，节目组把活动地点设置在比较原生态的乡村和偏远的地区，力图在旅行中体现节目的生存体验、真实亲子沟通的主题。于是节目中的拍摄地点随着节目收视率的飙升而"升温"。《爸爸去哪儿》到野外拍摄节目，明星爸爸带着自己的萌娃和剧组一起到偏远的地方旅游，到了旅游地点，节目组精心为明星萌娃设计一些任务，星爸萌娃在特定的环境中完成任务。完成任务的过程就是生存体验的过程，需要星爸萌娃配合，任务才能完成。在这些偏远的地方，更能培养亲密的亲子关系，能更真实地展现亲子关系，更能增强萌娃们的生存能力。这些内容激起了年轻父母亲子旅游的愿望。除了节目的主题和教育意义，节目中旅游地点独特的自然风光，也激起了观众前来旅游的热情。在《爸爸去哪儿》第一季中，星爸萌娃到过北京门头沟灵水村、宁夏沙坡头、云南普者黑、威海鸡鸣岛、平江福寿山白寺村和黑龙江雪乡，这些景点位置相对偏远，更接近自然，简陋的住所、淳朴的民俗、艰苦的生活条件，都让城市里的人们耳目一新。

《爸爸去哪儿》节目中的旅游景点都不是旅游胜地，甚至名不见经传。但是随着节目的播出，人们渐渐被这些地方吸引，想到这些地方旅游。这些旅游景点是乘着《爸爸去哪儿》这档节目的快车才兴旺起来的。难怪有些观众后来认为节目组推广旅游景点的力度太大，甚至认为此节目是为旅游景点量身定做的。

《爸爸去哪儿》带动了旅游产业的发展，催热了线路旅行。《爸爸去哪儿》第一季中涉及的六个旅游景点，随着节目的热播，都成为旅游旺地。灵水村周边的住宿数量大幅增长，住宿的价格也上涨了；不为人知的平江福寿山白寺村也出现了有史以来少有的游客络绎不绝的景象；宁夏沙坡头滑沙项目的价格也水涨船高。《爸爸去哪儿》独特的内容，为旅游景点带来了良好的经济效益，更引领了全国亲子旅游的热潮，使亲子旅游成为一种时尚。

《爸爸去哪儿》带给我们的思考是深刻的，一档亲子节目带火了很多旅游景点，这可能是很多人未曾想到的结局。所以，我们说，一切商业都是文化创意产业，都是需要智慧和创意的。设计得好，创意出彩，商业活动就能够获得更加出众的成绩。

内容为王，创意重塑产业链

小米的营销成功颠覆了渠道为王的营销模式，昭示着内容为王时代的到来。互联网正在改变传统的商业模式与人们的生活习惯，人们开始渴望内容更加丰富的产品。音乐节目《中国好声音》、亲子节目《爸爸去那儿》的走红提醒人们，想要赢得更多的用户，就必须要有好的创意、好的内容。

无论是书籍、电视剧、电影、游戏，还是音乐、手机、电脑、电视等，都要在内容上不断创新。在内容为王的时代，任何产品拼的都是内容。没有内容的产品，必死无疑。

比如，一个网站要生存，一定要提高网站的内容质量，增加网站设计的创意，给用户提供有价值的内容。用户到网站上能找到自己所需要的东西，能从网站中汲取有价值的知识，才愿意经常光顾网站。所以，网站要生存，就需要不断地增加创意，提高网站的内容质量。优质的内容不仅能提高网站的访问量，还能够增强访客的用户黏性，让访客持续地关注网站。网站想要越来越强大，离不开原创的、有价值的内容。比如58同城、赶集网，每天有大量的原创内容，有价值的生活信息、工作信息，这促使他们在竞争激烈的互联网中得以生存，并不断壮大。

在我国的影视文化产业中，很少有好莱坞式的大片。这是因为中国影视文化在很长一段时间内都不是以内容为王。进入移动互联网时代，影视也要进入内容为王时代。未来的电影公司，需要继续注重内容生产环节，用创意重塑产业链条，既要做好院线电影，也要做好电视剧、网络剧，为观众打造高质量、好内容的影视产品。近几年，上海电影节的种种讨论透露出电影产业内容为王的时代即将到来。内容为王，意味着用创意重组产业链条，是影视产业互联网中发展的必然趋势。

为影视文化服务的“电视盒子”产业也离不开有品质的内容。小米一直注重产品的内容，所以小米的产品总是能引来用户的喝彩。

通过用创意重组产业链条，小米走上了产业化的道路。不断丰富自己的产品，开始制作小米电视和小米盒子。为了让小米电视和小米盒子更有竞争力，小米开始大力打造视频内容。

2014年11月4日下午，小米科技CEO雷军宣布为视频内容产业投资10亿美元，用来解决小米电视与小米盒子的内容问题。

雷军此次虽然斥巨资投资视频内容，但是雷军表示小米不会大量做视频内容，小米更倾向于与合作伙伴一起做视频内容，实现彼此的共同成长。

雷军之所以投资视频内容，是因为雷军意识到内容为王的时代即将到来，所以现阶段小米的重中之重就是对视频内容的整合与运营。小米整合与运营视频内容的目的是打造软件和内容高度结合的完整“生态链"，因为"生态链"能够极大地提高小米的竞争力。

小米科技联合创始人王川表示，面对国家新闻出版广电总局（简称广电总局）规范电视盒子的要求，小米会积极与广电总局沟通。通过与广电总局沟通，小米得知广电总局规范电视盒子等问题，目的是为了保证电视节目的内容精良、健康，这与小米的想法不谋而合。此外，小米和广电总局发现电视和盒子是家庭用户使用最广泛的家电设备，小米的义务就是把更多正面的内容带给家庭用户，这更符合广电总局的原则。

此外，小米还宣布任命视频内容投资和内容运营的负责人，即现在小米副总裁陈彤。陈彤原来在新浪网就职，在新浪网担任过执行副总裁、新浪网总编辑。小米选拔陈彤担任视频内容的负责人，表现了小米下定决心要做好视频内容。相信在陈彤的把关下，小米的视频内容会带给家庭用户更多惊喜。

小米投入10亿美元的巨资到视频领域，并选拔重量级人物负责视频内容，表现了小米对产品内容的高度重视。小米保持敏锐的洞察力，洞察到了内容为王的时代即将到来，并立刻按照这样的趋势做产品。内容就是产品的价值，未来没有内容的产品就没有价值，就会被市场淘汰。企业致力于内容优质的产品，就会持续地发展下去，就能获得源源不断的收益。

只要你的产品有内容，赚得盆满钵满指日可待。企业只要遵守内容为王的原则，就有机会成为下一个财富神话的缔造者。

创客是一种生活方式，更是一种商业潮流

一位互联网行业的专家曾经这样说："创客是一种生活方式，就像丁克选择不要孩子，朋克选择自由自在的生活方式一样，创客也是一种生活选择。相比于其他的生活方式，创客是一种更高尚的生活方式。"

其实，在移动互联网时代，创客不仅仅是一种生活方式，更是一种商业潮流。创客本指勇于创新，将自己的创意变成现实的人，特指具有创新理念、自主创业的人。

在大众创业、万众创新的时代浪潮下，创客拥有更多实现梦想与抱负的机会，未来有更多的可能性。

当然，想要成为一名优秀的创客必须善于把握用户的需求，具备出色的创意。以目前市场上比较常见的一些手机应用APP来说，"滴滴"与"快的"打车软件的诞生，解决了人们出行打车不易的难题；外卖订餐软件的问世，方便了人们更好更快地选择美食；娱乐软件的问世，为人们的休闲娱乐提供了更多的选择。

不论是在哪个领域，哪个行业，创客的创意与想法一旦变成现实，都会给人们的生活带来极大的改变，形成一种商业潮流。这里举一个"车点点"的例子。

"车点点"项目致力于为车主提供性价比高的综合服务，其项目负责人王华的商业目标非常明确："我们要把产品打造成线下商家服务平台、撮合平台、汽车服务市场公信平台、个人养车的决策服务平台以及车后市场全国性网络提供商。"

说起这个想法的源起，王华说："车主在用车的过程中，切身体会到4S店的消费水平太高，而路边的维修店，车主又不信任。目前，并没有一个平台能够同时保证质量和价格。"

正是把握住了这个商机，王华开始着手研发"车点点"APP软件，并于2014年6月，推出了这款手机APP应用。

软件研发出来以后，怎样让用户主动安装呢？王华深入思考后，发现了一个非常有效的办法，就是以"免费洗车"为入口。

通过这个方法，"车点点"在上线半年以后，用户数量就超过了100万，与"车点点"达成合作的商家已有几千家。目前商业合作已经落地的区域包括北京、上海、江苏、浙江和安徽等地。

2015年3月份，"车点点"项目获得了入驻杭州城西余杭仓前的"梦想小镇"的"金钥匙"。在这个定位为互联网创业服务的特色小镇里，"车点点"将会获得更多的资源与政策扶持，赢得进一步的发展。

生活中一个小小的创意，带动了整个汽车服务行业向前迈了一大步。这就是创客正在做的事情，他们将这种创新、创造当成一种习惯。他们的这种创新创造，也正在深深地影响着人们的生产与生活。创客对某一领域的探究与创新，带动的不仅仅是某个领域的改变，很可能会是整个产业链条的重组。

在"互联网+"时代，大众创业、万众创新已经成为人们的一种普遍认知，越来越多的人开始走上了创业、创新的道路，成为时代的弄潮儿。

比如，清华大学毕业生研发出了3D煎饼打印机，获得了千万元风投；超市电子标签投入使用，大大降低了超市管理的人力物力；电动滑板车的诞生，丰富了人们的出行选择；智能抓拍器的问世，让人们的自拍生活更加丰富……

在这个时代，创客的行为不再是单纯的个体行为，而是成为影响商业发展的社会行为。

2015年全国两会期间，李克强总理曾提出："制定'互联网+'行动计划，推动移动互联网、云计算、大数据、物联网等与现代制造业结合，促进电子商务、工业互联网和互联网金融健康发展，引导互联网企业拓展国际市场。"

创客作为推动时代发展的重要动力，积极响应国家政策的号召，用自己的创意改变着人们的生产与生活，搭建了一种全新的商业模式。

在工业生产数字化的新时代，创客利用自己张扬的个性，借助不一样的平台与设备，打造出与传统完全不同的装备，拥有了属于自己的"生产方式"。

在目前的市场环境中，这样的时尚创客与生产方式，在各行各业、各个领域都非常盛行。

在农业领域，创客产生了奇思妙想，发明了无人喷灌机，不需要人工操作，就能对农作物进行智能喷灌；在家电领域，创客发明了智能扫地机器人，让人们可以从繁重的家务中解脱出来；在休闲娱乐领域，创客发明了水上自行车、自拍飞行器、智能滑雪板等新奇的休闲娱乐工具。

这些产品的问世，在一定程度上给其所在的领域造成了不小的冲击，带来了一场全新的商业变革。所以，我们说，创客是一种生活方式，更是一种商业潮流。

东瓯智库，创意与创新的聚集区

在这个高速发展的时代，企业只有随时都准备创新与变革，才能一直伫立在时代的潮头，否则，就很可能会被时代的浪潮无情地吞没。这是一个残酷的时代，又是一个胜者为王的时代。

在这个时代，企业需要更好地适应时代发展的形势，更好地把握时代的脉搏。

东瓯智库在大众创业、万众创新的时代，顺时而动，渐渐形成了一种文化品牌。

东瓯智库创意产业园区于2011年12月13日开园，通过招商的形式引进了一大批有资质的创意机构入驻，形成了文化创意产业园的对外统一品牌，形成了一定的行业规范及竞争模式。

如今东瓯智库已成为一种文化品牌，把那些已经形成的传统产业优势、人才优势与地域环境优势进行有机结合，以创作、创造、创新为根本手段，以文化内容和创意成果为核心价值，为社会公众提供文化体验，逐步形成创意设计、品牌企划、工业设计、广告传媒、影视制作、文化会展、出版发行、演艺娱乐、动漫创作、时尚生活、创意集市、民俗文化、金融理财、人才交流、非遗保护、配套服务等文化科技创意产业链，使其成为服务浙南闽北社会经济发展的"创意产业孵化器"。

发展中的东瓯智库已经成为国内颇具时尚魅力和高附加值的文化创意产业集聚地、高科技与文化创新融合的示范基地、新时期文化教育和名人名家高峰论坛的培育基地。

目前的东瓯智库已经入驻的有浙江奥美力文化传媒有限公司、一棵树艺术中心、菜菜头动漫、温州东蓝数码科技有限公司、红蜻蜓电子商务中心等六十多家知名企业。在发展的过程中，东瓯智库大致形成了以下六大产业链条：

第一，集平面设计、动漫设计、服装设计、品牌设计与传播、家具设计等包含工业设计和展示的产业链条。

第二，集商业摄影、网站视觉设计、网络推广、鞋服电子商务公司、快递配送等电商基地及网络科技的产业链。

第三，集企业家培训、企业家投融资解决方案、企业家学习交流会馆、中小企业服务中心等为一体的企业服务产业链。

第四，集展览馆、雕塑、影像摄制、影视拍摄及艺术品投资等方面的产业链。

第五，集儿童美术、儿童亲子舞蹈、儿童游玩与动漫消费、亲子乐园、儿童摄影等相关的亲子产业链及学生辅导培训领域的产业链。

第六，集咖啡、奶茶、糕点、红酒会所、西式冷餐、影院、书吧、电玩、桥牌、台球桌以及楼顶活动等休闲文化生活的产业链条。

这六大产业链条，为东瓯智库创意产业园区的发展做出了不小的贡献。此外，由于园区的管理与服务都比较到位，园区的知名度与影响力也逐渐攀升，一些文化科技类企业也纷纷开始在园区落户。

东瓯智库园区占地面积达到164亩，规划建设的面积为25万平方米，周边预留了充足的空间以便创业产业园进行扩展。

整个园区的建设是分为三期进行的，粗略预计，其总投资将在1亿元以上。东瓯智库的目标是通过未来三至五年的努力，将其打造成浙南闽北规模最大、环境最好、服务最佳、产业链条最丰富、人均产值最高、影响力最广的创意产业园区，真正将产、学、研结为一体，成为产、供、销发展一条龙的产业基地。

园区还计划以创作、展示、销售与研究带动旅游、金融投资等服务行业，通过媒体宣传、公关活动以及人力推广快速提升品牌的知名度，为入驻的商家提供最佳的创业环境。

从东瓯智库的发展历程以及其发展规划中，我们不难发现，东瓯智库已经成为国内深具时尚魅力与高附加值的文化创意产业聚集地，文化与科技高度融合的创新示范基地，新时代文化教育与名家汇聚的孵化之地，文化与智慧的汇集之地。

在东瓯智库，创意与创新已经成为园区的发展基础与动力，在创意与创新的引领下，东瓯智库将会迎来更加璀璨的明天。

第五章

企业的核心价值就是大数据

大数据由一种互联网技术逐渐发展成大数据浪潮。很多互联网文化创意企业挖掘大数据的价值，通过大数据的分析结果，预测文化创意产业的发展方向、盈利指数，并取得了满意的效果，这激励着越来越多的企业用大数据玩转文化创意。

互联网经济离不开大数据

大数据不断发展，全民掀起了大数据潮流，大数据技术迅速成为全民谈论的热门话题。大数据进入社会生活的各个领域，涉及了很多行业。越来越多的企业家开始关注大数据。他们发现，大数据技术渗入了互联网金融，互联网金融要发展离不开大数据；他们发现，大数据技术渗入了互联网工业，互联网工业要突破离不开大数据；他们发现，大数据渗入了智慧城市，智慧城市要成功转型离不开大数据；他们发现，大数据渗入了智慧物流，智慧物流要提速离不开大数据……网络电视剧《纸牌屋》的走红，让越来越多的企业家发现文化创意产业的发展同样离不开大数据。

大数据对文化创意有很大的影响，能够驱动文化创意的发展。大数据正驱动着影视产业的发展。在大数据时代，很多电影的制作、营销都运用了大数据的分析结果。电影产业是一个需要一定资金投入的行业，动辄上千万元，甚至上亿元。为了让电影的投资与回报成正比，降低投资风险，电影产业勇敢地利用大数据技术，预测市场反应，取得了让人满意的效果。美国影视制作公司Netflix（奈飞公司）通过对用户大数据的分析，投资拍摄了《纸牌屋》，获得了丰厚的收益。中国的影视制作机构利用大数据的分析结果，也获得了不错的票房。郭敬明执导的电影《小时代》把大数据用到了极致。

《小时代》在宣传的过程中，宣传方对郭敬明的网络用户数据进行了深入分析，发现在喜欢郭敬明的文学作品、关注《小时代》的用户群体中，70%是女性；宣传方和发行方对《小时代》的正面评价数据进行分析，发现给《小时代》好评的用户绝大多数是“90后”女性。从而，宣传方预测喜爱《小时代》的观众以“90后”女性为主，于是为营销策划的制定提供了可靠的依据。接下来，该影片发行方推出了专为“90后”女性观众量身定制的一系列线上线下活动，于是“90后”女性观众十分活跃地参加活动，使《小时代》在网上、线下得到了快速推广，达到了很好的宣传效果。此外，该影片的宣传方和发行方还利用大数据做了另一件有意义的事情。他们利用大数据分析同档期的竞争对手，对观众过

去一年观赏过的同类影片和相似影片的数据进行分析，看是否形成了差异化定位等（因为只有差异化的商品才能带来更多利益）。

北京大学文化产业研究院副院长看了电影《小时代》之后表示，电影《小时代》是利用大数据来运作的，是一种典型的用数据为支撑、以市场和观众为导向的电影开发行为。它的这种创新的运营模式，被票房证明是成功的，《小时代》和《小时代2》最终的票房收入超过了7亿元。

大数据撬动了电影《小时代》的票房，让越来越多的文化创意工作者，看到了文化创意中运用大数据的重要性。很多企业开始跨界到文化创意领域谋求发展，挖掘更大的市场价值。互联网巨头企业谷歌积极在文化创意领域施展拳脚，把大数据运用于富有文化创意的电影产业中。谷歌经过研究发现相关电影的搜索与票房有密切关系，遂对这些电影搜索数据进行分析，进而研发了一个电影票房预测模型，其预测票房的准确率高达94%。谷歌的这一票房预测模型正是大数据与文化创意高度结合的产物。

大数据的核心是预测，通过过去的数据预测未来的发展趋势。于是大数据除了可运用在文化创意领域，在未来完全可以帮助人们预测经济、预防灾难、诊断疾病、辨别潜在的犯罪分子等。如果人们没有掌握文化创意领域过去的数据，那也就谈不上用大数据预测文化创意领域的未来。

大数据备受文化创意企业家推崇，但大数据不是万能的，大数据对文化创意的影响力是有限的，大数据也有鞭长莫及的"短板"。大数据的算法是关键，目前无论哪种大数据算法，都算不出创意思维。文化创意更多地需要依靠人，依靠人的创造力、想象力和创意思维。

基于以上理由，我们在做文化创意的时候，一定要让大数据回归理性，不能神话大数据，而是要理智、客观地对待大数据，使大数据服务于文化创意，而不是文化创意被大数据牵着鼻子走。只有这样，我们才能利用大数据这项互联网技术，不断挖掘文化创意的价值，升级文化创意。

纸牌屋，大数据文化的杰作

伴随着互联网的不断深入发展，互联网思维、物联网、"小白"用户、大数据、云计算不断涌现出来，成为互联网浪潮中的热门词汇和众人关注的焦点。互联网思维尚未降温，大数据又热浪滚滚地袭来。大数据成为最近两年来非常时髦的互联网词语。很多商家都顺应了大数据的潮流，在自己的企业内，应用了大数据这项技术。

在文化产业领域，企业家们积极地运用大数据技术，利用大数据技术分析数据，从中获取营销智慧。时下一炮走红的美国电视剧《纸牌屋》，充分利用大数据这项网络技术，充分分析互联网中海量的用户数据，从而成为大数据技术营销的受益者。《纸牌屋》也被称为大数据文化的杰作，成为文化产业和互联网领域中的热门话题。人们纷纷探讨《纸牌屋》的成功秘诀，原来它是大数据技术运营的杰作，这让人们看到了大数据的威力。

《纸牌屋》是一部美国电视连续剧，以政治为题材，主要内容讲美国众议院民主党议员弗兰西斯·安德伍德千方百计想当国务卿，结果没有如愿，政治梦想破灭的他气急败坏，决定报复背叛他的那些人。该剧的制作方是美国最有影响力的影视网站奈飞公司（Netflix），该剧由金牌导演大卫·芬奇执导，众多观众喜爱的奥斯卡得主凯文·史派西出演。2013年2月1日《纸牌屋》第一季在Netflix网站上与观众见面，迅速走红。在Netflix已经覆盖的所有国家中，《纸牌屋》成为收视率最高的电视剧之一。

《纸牌屋》的成功与制作方Netflix网站长期积累下来的影视数据有密切关系。Netflix网站的订阅用户仅在美国就有2700万人，在全球则有3300万人。用户每天在Netflix网站上会留下超过3000万个踪迹，每一位用户每一次的主题搜索、播放、暂停、快进、回放都会被收集在Netflix庞大的数据库中，再加上用户每天会留下400多万个评分、300多万次询问剧集播放时间和设备的主题搜索，极大地丰富了Netflix的数据库。Netflix在影视网站上多年来精耕细作，它比很多用户都清楚用户喜欢什么样的题材、什么样的导演、什么样的演员、有哪些观看习惯，等等。于是，Netflix决定用自己多年积累下来的影视数据，打造一部能赚钱的电视剧。Netflix通过对已有影视题材大数据的分析，发现大量用户仍在点播1991年BBC播出的经典老片《纸牌屋》；通过对影视导演的大数据分析，发现大多数用户喜欢大卫·芬奇执导的影视作品；通过对影视演员大数据的分析，发现大量用户喜欢观看凯文·史派西出演的影视作品；通过对用户观看习惯的大数据分析，发现现在的用户大多数喜欢一气呵成看完一部影视作品。

通过一年多的筹划，Netflix不惜投入1亿美元的巨资，拍摄了《纸牌屋》，邀请备受用户喜爱的导演大卫·芬奇、演员凯文·史派西等人，精心制作了该剧。制作完毕，Netflix按照大数据分析的结果，迎合用户的观影习惯，把《纸牌屋》第一季总共13集全部上传到Netflix影视网站，供付费用户自由安排时间观赏。

《纸牌屋》第一季一经播出迅速走红，受到观众的喜爱，就连美国总统奥巴马也成了该剧的粉丝。《纸牌屋》的高收视率，给制片方带来了巨大财富。《纸牌屋》第一季播出，带动了2013年Netflix股价持续上涨。2013年第四季度Netflix营业收入达11.75亿美元，2012年其营业额为9.45亿美元，增长幅度达24%；2013年第四季度Netflix净利润实现了4800万美元，2012年的净利润为800万美元，增长幅度达500%。还带来了2013年第四季度，美国国内视频市场用户的快速增长，新增用户数量达233万。基于良好的收益，Netflix继续投拍了《纸牌屋》第二季共13集，并于2014年情人节一口气推出。除了在美国被疯抢，就连大洋彼岸的中国的视频网站与电视台也抢着在第一时间播出。Netflix创下了股价飙升至52周高位439.49美元的纪录。

《纸牌屋》迅速走红，得益于大数据技术、得益于对制作模式、播放模式的创新。制作方Netflix通过挖掘大数据的价值，不惜重金用大数据为用户量身定制的一部电视剧，集中了用户最受欢迎的题材、导演、演员和播放方式。《纸牌屋》摒弃了传统的电视产业“制播分离”的生产模式，放弃了在电视平台上播放，而是大胆尝试在网站上首播。在播放模式上，Netflix放弃了已经不适应用户需求的固定时间播放模式，根据用户一次性观影的需求，《纸牌屋》第一季、第二季，都采用一口气推出全剧，用户可以自由安排观看的时间、观看的内容。《纸牌屋》是Netflix对数据分析结果的第一次战略运用，也是第一次成功运用。然而，Netflix负责人表示，公司在挖掘大数据方面并没有少下功夫，而是花了很长时间。

受《纸牌屋》的影响，很多互联网企业蓄势待发，积极运用大数据经营影视文化产业。美国最大的一家网络电子商务公司亚马逊，正在根据《纸牌屋》的大数据运营模式，对十多个电视项目同时运作；多家互联网巨型企业都紧随其后，如微软、苹果、谷歌等，都精心规划，利用自己网站的庞大数据资源和大数据分析结果，制作影视作品。

《纸牌屋》火速走红全球40多个国家，彰显了大数据技术的神奇力量，是大数据的一次胜利。随着大数据技术的不断成熟，大数据被运用在社会生活的很多领域。例如，奥巴马竞选团队挖掘大数据，通过数据分析结果来筹款；美国政治评论家Nate Silver利用大数据分析结果成功预测2012年50个州的选举结果；微软研究院挖掘大数据、分析大数据，成功预测了大部分奥斯卡奖项的获奖者。可见，通过大数据挖掘，可以比较准确地预测事件的结果。

《纸牌屋》运用大数据创新了电视剧的制作模式和播放模式。业内人士表示，运用大数据技术制作电视剧，只能制作出不错的电视剧，却制作不出经典的影视剧。大数据对文化产业的营销作用显而易见，但是完全用大数据技术经营文化产业，仍需继续探索。

大数据营销中的创意思维

大数据是一种互联网技术，开始被越来越多的商家重视。通过挖掘用户大数据，可以获得意想不到的商业价值。很多有眼光的商家和专家充满信心地说，挖掘大数据，犹如挖掘金矿，大数据中蕴藏着巨大的商业价值。于是，越来越多的商家开始聚焦大数据营销，并用创意的思维、创新的思维做大数据营销。

在未来的很长一段时间内，运用大数据营销将成一种趋势。大数据营销是互联网发展的必然产物，大数据营销引领着企业的营销，在商业中掀起了一阵大数据营销的浪潮。大数据营销并不是简单的数据整理，而是用创新的思维、创意的思维，处理庞大的数据资源。所以大数据营销实际上是一种创新思维的驱动，只有具备创新的思维、创意的思维，商家才能成功进行大数据营销，实现大数据的价值，让大数据变成现金，让大数据变成金矿。

大数据营销在文化创意产业中发挥的影响力越来越大，很多影视、音乐、视频制作机构都努力发挥创意，广泛运用大数据营销。现在流行在大街小巷、各大视频网站的"神曲"《小苹果》，就是运用大数据营销的成功案例。

"你是我的小呀小苹果儿，怎么爱你都不嫌多……"如果你不会哼唱，如果你手机里没有下载过这首歌，你就落伍了。因为这是去年最流行的"神曲"《小苹果》，也是运用互联网思维成功进行大数据营销的一首歌曲。

《小苹果》被称为新一代洗脑神曲。截止到2014年10月16日，《小苹果》在优酷网的点击量已经突破了一亿次大关。《小苹果》的旋律优美受人喜欢，节奏简单容易传唱。但是很多旋律优美、节奏简单的歌曲并没有像《小苹果》这么火，可见《小苹果》的走红还有别的原因，或许那才是《小苹果》迅速流行的主要原因。经过业内人士的多方考证，《小苹果》除了歌曲便于传唱，还采用了互联网的创新思维，运用了大数据营销手段。

《小苹果》是为互联网电影《老男孩之猛龙过江》制作的宣传曲。在电影《老男孩》创作之初，优酷网曾经做了一次大规模的数据调查，选出三个关于"老男孩"的关键词：音乐（149万次）、梦想（103万次）、青春（102万次）。于是，制作方"对症下药"地筹备电影，并为电影增加了音乐元素。一首接一首的音乐串起了电影的内容，用创意的思维把带有梦想的小人物、选秀、打斗等元素加入到电影之中。其中，最火爆的就是筷子兄弟演唱的"神曲"《小苹果》。音乐走红的同时也达到了宣传电影《老男孩》的效果，调查数据显示，20.87%的观众听到《小苹果》就会想到《老男孩》。《小苹果》走红网络，是一场精心策划的大数据营销，是互联网创新思维的成功运作。

于是，有网友一语道破玄机："第一个苹果在物理界创下奇迹；第二个苹果在智能手机界创下了奇迹；第三个苹果在'神曲界'创下了奇迹。"如今，《小苹果》成为"神曲界"的一朵奇葩。《小苹果》红遍大江南北，其传播的力量势不可当。

做大数据营销需要有创新思维。《小苹果》在利用大数据营销手段的时候，在曲子的旋律上发挥了创意，表现出一种轻快活泼的感觉，在歌词上也发挥了创意，把大众喜欢的水果编成歌词，大胆地创新，又给听众一种亲切感。这些是《小苹果》长时间居于歌曲排行榜榜首的原因，为《小苹果》的大数据营销的成功奠定了深厚的基础。《小苹果》充分利用了互联网的数据，迅速走红。优酷对自己网站庞大的数据进行了研究、分析，为《小苹果》锁定了受众群体，把《小苹果》的用户精准地定位为"90后"群体。制作方在定位用户的时候，发挥了创意思维，不求用户数量，只求精准。通过对大数据的深入分析，优酷发现"80后"现在是工作、家庭、生活中的中坚力量，相对减少了对社交媒体的接触，降低了对社交媒体的热情。而"90后"不怎么考虑家庭、生活中的复杂的事情，工作也相对轻松，业余时间热衷于QQ空间、微信、微博等社交媒体。于是，制作方成功运用大数据营销，得到了"90后"用户的热爱，"90后"用户不仅听着，而且唱着《小苹果》，不遗余力地推广《小苹果》，《小苹果》不火是不可能的。

在互联网时代，用户不停地用鼠标点击网页、用手指触摸智能手机，产生了难以估算的数据。在海量的数据中，企业要实现自己的商业价值，并非易事。重要的是要弄明白用大数据给用户提供什么样的服务，才能实现商业利润。你给用户提供的服务只有经过精心的创意和大胆的创新，才能得到用户的认可。例如，小米通过分析手机用户的数据，发现用户喜欢苹果手机的配置，喜欢普通国产手机的千把元钱的价格，于是发挥创意，以产品的销售价格来控制产品的成本，立志要满足手机用户的高配低价的需求。小米做到了，所以获得了巨大的商业成功。再如美国电视剧《纸牌屋》的制作方通过分析视频网站上用户喜欢的影视题材、导演、演员、播放习惯，大胆地发挥创意，拍出一部同时满足用户这四个需求的电视剧，于是赚得盆满钵满。大数据营销对于那些有创意思维、有创新思维的商家来说是一座宝藏。只有发挥创意思维，运用创新思维，进行大数据营销，大数据才真的可以变成"油田"，变成"金矿"，变成"摇钱树"。

个性化发展，挖掘小数据背后的价值

不是每一个企业都有大数据资源。除了国内的百度、阿里巴巴、腾讯，国外的谷歌、亚马逊、Facebook等互联网巨头企业也拥有丰富的大数据资源。而大部分普通的企业缺乏大数据资源，拥有的数据只能算得上是“小数据”。

大数据、小数据都是数据环境下的产物。我们要运用小数据设计个性化的服务，必须学会区分面对的数据是大数据还是小数据。区分大数据还是小数据有一个简单的原则，即通过数据的量、数据的种类和格式、数据的处理速度、数据的复杂程度四个方面来确认。小数据的量少、种类少、格式少、处理速度快、复杂程度低，反之则为大数据。在实际运用中，大数据可以分解成小数据，小数据达到一定的量就会变成大数据。能被大多数人利用的，就是那些量少、种类少、处理速度快、复杂程度低的小数据。对大数据的利用还要依赖数据科技的进一步发展。

大数据时代的预言家维克托·迈耶·舍恩伯格曾经说：“在现代商业领

域，大数据的力量其实体现在个性化的小数据上——无论是互联网时代的电商还是传统的店商，输赢的关键都将是数据分析、精准营销、情感维护。"言外之意就是，小数据对于普通的企业来说，比大数据更实用。此言也提醒商家，在面对互联网的海量数据的时候，不要纠结于大数据、小数据，而是要把关注的焦点放在那些能为商家的决策提供依据的数据上。而对那些还没有任何数据积累的企业，摆在眼前的首要任务就是把自己的数据意识培养起来。只有具备了数据意识，才能挖掘个性化的小数据，才能通过挖掘小数据的价值，为用户提供个性化的服务。

在商业经营中，实力雄厚的商家利用大数据无可厚非。而人力、财力相对薄弱的商家，在数据时代要谋求发展，选择个性化的小数据是明智之举，基本上能解决企业当前的实际问题。证券公司在互联网浪潮中谋求发展，挖掘小数据的价值，可以为用户提供个性化的服务和个性化的精准营销，从而获得发展的动力。

在大数据时代，证券公司挖掘大数据的时候，面临很多困难，为了挖掘大数据的价值，需要花费巨大的财力购买设备与软件，培养大数据人才。面对天价的设备和软件，大多数中小证券企业只好另寻出路。经过不断的探索和研究，中小证券企业发现，用小数据就足以解决证券公司的很多实际问题。于是，中小证券企业通过分析现有的个性化的小数据，获取商业价值，提高自己未来的竞争优势。

小数据是现成的易操作、易处理的资源，证券公司可以通过网络媒体了解客户投资需求、喜好及对某个投资行业的观点等，还可以分析客户的反馈，来不断提升业务的质量，为客户提供个性化的服务，还可以通过互联网信息对客户进行精准定位。证券公司对已有客户的数据进行分析，发现真正“换手率”很高的客户往往会有很多个性化需求。证券公司可以利用有限的市场数据和销售数据，筛选出目标客户，然后分析这些客户的投资类型，为客户“量体裁衣”地提供个性化的服务。从而，提高客户对证券公司的忠诚度和满意度，最终增加证券公司的收益。

证券公司在营销服务方面也可以挖掘小数据的价值。为了给客户提供精细化和个性化的服务，证券公司可以挖掘客户的核心信息，从数据中挑选出客户价值等核心信息，进而细分核心信息，接着做精准营销、个性化处理，最后制定营销策划和营销行动计划。证券公司可以从交易渠道优先、服务渠道优先、关怀活动优先等方面切入，分析客户潜在的投资需求和偏好，进而为不同的客户提供个性化的投资方案。

证券公司合理利用现有的小数据，通过挖掘小数据的价值，同样能为客户提供个性化的服务和解决方案，解决证券公司日常遇到的问题，提高证券公司的效益，促进证券公司在互联网浪潮中的转型。

小数据容易处理、容易操作，很多企业都可以挖掘小数据的价值，为自己的客户提供个性化的服务。小数据也被很多学校采用。例如，某大学的餐饮管理中心的饭卡系统记录了很多学生的就餐消费情况。学校勤工助学中心分析学生的就餐小数据，发现某同学最近的餐饮消费金额很低，推测他可能遇到了经济困难，于是就给该同学发了一条关怀备至的短信：“同学你好，你上个月的餐饮消费支出急剧下降，是否遇到经济困难？如需援助，请打电话、发短信或邮件。”该同学感动之余把此短信上传到网上与大家分享，有人回复：“中国好大学，让冰冷的小数据有了人性之美。”原来该同学因为那个月减肥，所以减少了餐饮支出。可见，餐饮的小数据，可以让勤工助学工作人员为学生提供个性化的服务，也提升了学校的品牌形象。

小数据的价值被越来越多的商家所重视，因为小数据既可以轻松获取，又容易处理和操作，能解决普通企业当下的实际问题。特别是通过挖掘已有的小数据的价值，可以为目标用户提供个性化的精准营销，最大限度地满足用户的需求，培养出用户对企业的忠诚度，从而为企业实现持续稳定的发展奠定坚实的基础。

在大数据时代，我们不可小觑小数据，挖掘小数据背后的价值，既能为用户的个性化需求提供方案，又能提高企业的竞争能力。

整合互联网资源，实现产业数据化经营

现在只要谈到互联网商业，就会提到大数据和云计算，因为大数据和云计算是互联网的核心技术。近来，大数据成为热门话题，很多产业开始向数据化经营转型。

互联网经过最近十几年的发展，积累了庞大的数据资源，这些数据资源里含有“金子”，但是含金量很低，犹如沙子中的金子，必须经过特殊的工艺才能获得。企业家要想获得大数据中的“金子”，就要对海量的数据进行分类、精选，然后对自己需要的数据进行专业化的处理。

处理大数据的过程，就是对互联网资源进行整合的过程。产业要走数据化经营的道路，必须要对自己需要的数据进行处理，学会整合互联网资源。

作为文化创意的龙头产业，影视产业以及文化出版媒体在大数据的浪潮中，积极地拥抱大数据，力图通过整合互联网资源，实现产业数据化经营。

随着大数据的迅速发展，大数据技术、大数据科学和数据化经营成

为这个时代的热门话题，文化创意领域中的产业积极推进数据化经营。2013年影视产业内的资源整合异常活跃。新闻出版业呈现出外部跨媒体融合与内部整合共同推进的趋势。

据不完全统计，2013年文化传媒内部外部资源整合规模很大，并购事件达55起，累计资金约400亿元，整合的领域包括电视剧、电影、游戏、广告、出版等子行业。其中最活跃的是影视娱乐行业，资源整合密度很高，掀起了并购的浪潮。

影视娱乐业在国际范围内大力整合互联网资源。大连万达以26亿美元的总交易金额，并购了名列全球第二的美国影视公司AMC，创下了有史以来中国在美国娱乐业中最大的并购之举，与此同时，大连万达集团一举成为全球规模最大的电影院线运营商。

影视娱乐业在国内全面整合互联网资源。专业的影视视频网站乐视网，以15.98亿元的巨资，同时收购了乐视新媒体文化（天津）有限公司和花儿影视文化有限公司。国内最大的综合娱乐公司光线传媒，以8.3亿元的资金揽入新丽传媒近三成的股份。大陆知名综合性娱乐集团华谊兄弟，以6.7亿元的资金收购手游公司广州银汉，成为2013年最具产业整合特征的收购。

在业内资源整合方面，2013年10月，上海当地的解放日报报业集团与文汇新民联合报业集团，整合成为上海报业集团。新闻出版界还有不少跨界整合资源的实例，如中南出版传媒与湖南教育电视台合作，成立了湖南教育电视传媒有限公司，此公司承担湖南教育电视台的市场运营。

文化创意产业通过并购、收购、融合等方式大力整合行业内外的资源，能够使产业有效获得融资，完善产业链，增强竞争优势。业内人士表示，文化产业的资源整合在未来三五年内会获得进一步发展。

文化创意产业要实现数据化经营，必须大力整合互联网资源，具体可以通过行业内外的并购、融合来聚集资源，增强竞争优势。

金融产业要在大数据浪潮中得到突破性的发展，需要走数据化的经营道路。业内专家认为，金融产业要成功“触网”，要扩大自己在大数据时代的市场份额，就不能只想着与传统金融产业抢生意，更要充分地利用互联网资源，发挥自身的大数据优势，尽最大努力做好资源整合。

产业数据化经营，既要挖掘大数据现有的价值，又要挖掘大数据的潜在价值，最终要落实在如何整合互联网大数据资源上。也就是说，你挖掘数据想预测什么，想实现什么样的服务，都可以通过整合互联网的数据资源，采用重组数据来实现。比如，美国房地产信息查询网站Zillow，重组了房地产价格的数据和房地产信息数据，并把房地产价格、房地产信息添加在社区的地图上，还把最近的交易数据、物业数据等也聚合在社区地图上，帮助购房用户预测社区内每套具体住宅的价值，从而实现了该房地产产业的数据化经营。

整合互联网数据资源，能够扩大数据的价值，能够促进产业的数据化经营。产业数据化经营，目的是把数据变现。把数据转换成现金，对于大多数企业来说，可通过两种选择来实现。第一种选择是，数据导向流程。企业可以通过整合现有的数据资源，实现良好的收益。比如社交游戏公司Zynga通过分析数据，来研究用户喜欢哪些产品、不喜欢哪些产品；又如谷歌整合用户搜索电影的数据和票房数据，研究了电影票房预测模型，准确率高达94%；再如塔吉特百货公司通过整合顾客的消费数据，构建“怀孕预测指数"，锁定含金量高的孕妇群体，从而进行精准营销。第二种选择是，数据导向的产品。人们可以整合数据资源来丰富产品的功能。有的公司把数据专门打包成为一个产品来销售。比如，一些媒体公司，把观众观看的数据打包，向一些频道或者内容制作公司售卖。

越来越多的互联网业内人士，认识到互联网时代这一具有核心优势的资源——大数据的价值，甚至认为大数据是"新的金矿"。美国数据科学家维克托·迈尔·舍恩伯格表示，大数据已成为21世纪的决定性资源，是"新的黄金"。产业数据化经营中，大力整合互联网的数据资源，必将成为一种发展趋势，能够有效地改善企业的效益，能够帮助企业寻找到赚得盆满钵满的商机。

第六章

没有族群，就没有企业

随着移动互联网的发展，人与人之间的联系变得越来越紧密。一个又一个以社群为基础的交流平台正在诞生。在这些社群交流平台上，企业的个体性逐渐模糊，信息的传递与流动更多地依托平台的发散功能。

在全民社交时代，企业与个人之间的信息交互与传递是全方位的。没有族群，就没有企业。

共享经济、虚拟经济、族群经济

曾有互联网行业的专家这样说，未来社会经济发展的三种趋势将会是共享经济、虚拟经济、族群经济。那么究竟什么是共享经济、虚拟经济与族群经济呢？

先说共享经济，我们举一个简单的例子。假如你每天上下班以车代步，最近你发现专车、顺风车很火，于是你就想："我每天上下班，车上的位子都有闲置的，我能不能将这些资源共享出去呢？"于是，你下载了一个软件，开顺风车。与此同时，因为你自己的车经常遇到尾号限行，所以你也经常搭别人的顺风车。

说到这里，大家是不是明白了？所谓共享经济，就是将闲置的资源分享给别人，提高资源的利用率，并从中获得相应的回报。共享经济的理念就是：共同拥有而不占有。共享经济的本质就是互帮互助。

在移动互联网大发展的条件下，共享经济的出现有其必然性。首先随着社会的不断发展，人们的生活水平越来越高，物品出现富余，物权观念深入人心。人们的需求变得多元化，很多需求得不到满足，这时候共享经济作为一种解决问题的办法被提出来。

随着共享经济的出现，人与人之间的关系也发生了微妙的变化，从冷漠和陌生变为信任和友好。而共享经济最大的好处就是让闲置的资源被充分利用起来。

那么，对于想要发展共享经济的企业来说，有没有一个速成的方法呢？一般说来，有下面几个要点可以参照。

发展共享经济需要注意的要点

01 寻找那些资源过剩的领域

02 搭建一个共享经济平台

03 按需分配

04 获得回报

第一，你所寻找的方向必须是那些资源过剩的领域。这是为什么呢？原因很简单，无论是什么资源，只有当它们有了富余的时候，才会被共享出来。所以说，资源过剩才是一切共享经济的根基。

第二，你要搭建一个共享的经济平台。这个平台可以是一个网站或者APP（手机软件），也可以是一个物品流转的中介。共享经济需要一个能够让资源被分享出去的平台。

第三，按需分配。这是什么意思呢？就是当你的平台上汇聚了大量的资源之后，你要将这些资源分配给最需要它们的人。举个例子，Uber（优步）通过大数据计算，计算出离你最近的车主，然后Uber就会将你的订单推送给他，保证你在最短的时间内坐上专车。

第四，获得回报。共享经济的一个特点就是资源被共享出去之后，会获得一定的回报。当然，这个回报不一定是金钱上的，也可能会是心灵上的。比如，你因为帮助了别人，一整天都心情愉悦。

说完共享经济，让我们再看一看虚拟经济。虚拟经济是相对于实体经济而言的，是经济虚拟化（西方又称为"金融深化"）的必然产物。

虚拟经济是市场经济高度发展的产物，以服务实体经济为最终目的。随着虚拟经济的不断发展壮大，它将成为与实体经济相对应的经济范畴。与实体经济不同，虚拟经济具有高流动性、高风险性、不稳定性与高投机性四个特征。

虚拟经济的特点

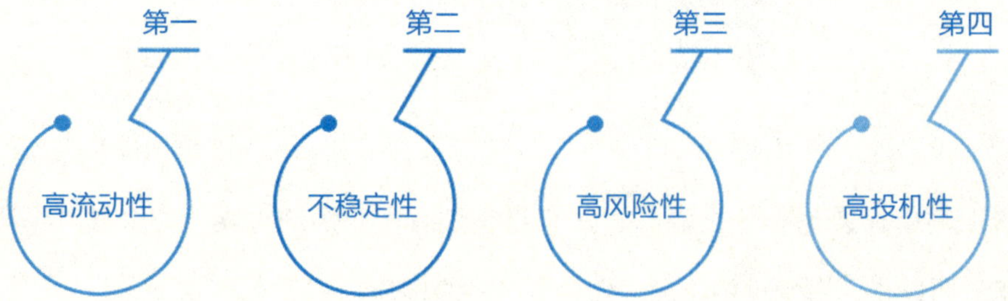

第一，高流动性。

实体经济活动往往会受到时间与空间的限制，但虚拟经济则是虚拟资本的持有与经济活动，只是价值的流动与转移。相对于实体经济而言，虚拟经济的流动性更高。随着信息技术的不断发展，股票、有价证券等虚拟资本渐渐实现了无纸化、电子化，交易可以在瞬间完成，极大地提高了社会资源的合理、有效配置。

第二，不稳定性。

与实体经济相比，虚拟经济具有更强的不稳定性，这是由虚拟经济本身的性质所决定的。由于虚拟经济具有虚拟性，在各种虚拟资本进行市场买卖的过程中，其价格往往不会遵循价值规律，更多的是取决于虚拟资本持有者与参与交易者对虚拟资本权益的主观预期。影响这种主观预期的包括宏观经济环境、行业前景、周边环境及政治等因素，这就增加了虚拟经济的不稳定性。

第三，高风险性。

从虚拟经济的发展来看，影响虚拟资本价格的因素非常多。而这些因素又不断变化，没有一定之规，这就让虚拟经济的发展变得更为复杂，更加难以驾驭。

第四，高投机性。

有价证券、期权、期货等虚拟资本的交易虽然经常被投资者作为投资目的，但其交易过程离不开投机行为，这是由市场流动性的特征所决定的。

随着电子技术与网络科技的不断发展，巨额资金的清算、转账以及虚拟资本交易都可以在一瞬间完成，这就为虚拟资本的高投机性创造了条件，找到了技术支持。

在新兴的市场环境中，市场发展越不成熟、不完善，市场监管的能力就越差。在这样的市场中，虚拟经济具有更高的投机性。

最后看一看族群经济。简单地说，族群经济就是商家与消费者合作，做消费者想做的事情。在任何一个时代，生产者生产产品都是为了满足用户的需求，但是在传统时代，生产者无法真正地与用户接触，也就无法揣测用户的真实需求。有的生产者通过了解周围一小部分用户的需求，然后假想出大部分用户都有这样的需求。

很显然，以这种生产方式生产出来的产品，很难赢得大部分用户的认可。现在，随着互联网时代的到来，企业的生产方式正在发生重大的变革，从原来的以消费者为中心转变为与消费族群合作。

族群，就是一群拥有相似爱好、兴趣以及价值观的人的集合。

在互联网时代，经常被我们提到的粉丝、发烧友以及一些高级俱乐部的VIP会员等，其本质都是族群。族群是无处不在的，像日常生活中的"哈雷族"、"车友会"、"果粉"、"米粉"、"辣妈群"等都是族群。

而我们所说的与消费族群合作，就是让这些消费者族群有机会参与到企业的价值创造等活动中来。

这里面涉及三个问题：其一，如何构建族群？其二，如何与消费族群合谋？其三，怎样才能让族群参与到企业创造价值的活动中？

第一，构建族群。

想要建立一个族群，首先需要有一个共同的兴趣爱好或价值取向。换句话说，就是先要有鲜明的口号，才会有追随者。比如小米的"米聊群"，其共同的兴趣爱好就是围绕小米的产品展开讨论，为小米产品的改进提出建设性的意见和建议。

第二，建立起自己的沟通与传播渠道。互联网技术的发展，打破了时间与空间的界限，人们之间沟通的成本变得越来越低，而沟通的效率却大大提高。在互联网时代，企业可以借助互联网技术搭建一个沟通平台，方便大家沟通交流。微博、微信、社区等都可以成为企业与用户沟通和传播的平台。

第三，找出一个意见领袖。任何族群里都应该有一个可以一呼百应的意见领袖。比如“米柚”社区里面就有小米公司优秀的技术人员与设计师，他们在社区论坛往往拥有不错的人气，小米发起一些线下活动的时候，他们的号召力也是不可忽视的。

经济环境变了，时代变了，经济模式也在发生巨大的变化。

在这个时代，共享经济、虚拟经济与族群经济已经成为未来经济发展的三大趋势。如果企业不懂得适应时代，不懂得与时俱进，那么在残酷的市场竞争面前，就只能面对被淘汰出局的残酷命运。

小米，粉丝经济的胜利

普通大众熟悉的"粉丝"，主要围绕着影视圈、乐坛和体坛明星，观众被某位明星的技艺所吸引，于是成为明星的粉丝。比如李连杰和姚明都有很多粉丝。粉丝达到一定规模，就能够进一步提高明星的知名度、美誉度，于是明星对自己的粉丝也很热情、很感激。被称为网络文化的"发言人"和观察者的凯文·凯利曾经提出这样一个观点："一千个铁杆粉丝能养活任何一位艺术家。"可见，粉丝对艺术家也很重要。

粉丝经济是互联网时代的产物，互联网的大环境为粉丝经济的发展提供了肥沃的土壤，让粉丝经济逐渐成为这个时代经济浪潮中的最强音。苹果虽是最早采用粉丝经济模式的，但真正让粉丝经济红遍中华大地的却是小米科技，因此，业内人士称："小米是粉丝经济的疯狂符号。"

小米采用粉丝经济的商业模式，经过三年的时间，获得了突飞猛进发展，每天手机出货量由1000部涨到了20万部。小米科技获得了辉煌的战绩，消除了人们对小米模式的质疑，也证实了小米的粉丝经济模式是一种成功的商业模式。很多商家开始研究小米的粉丝经济模式，希望复制它，推动自己的企业飞速发展。

小米在成立之初就开始培养自己的死忠“粉丝”，在产品研发成功、即将出厂的时候，已经聚集了很多“米粉”，为它采用粉丝经济的商业模式奠定了深厚的用户基础。

小米CEO雷军在每一次的发布会上都会充满激情对着米粉喊“因为米粉，所以小米”，这已经成了小米科技一种符号化的口号，同时也体现了小米商业模式的核心。小米的商业模式被人们总结为“饥饿营销”、“网络营销”，这些营销方式，都建立在数量庞大的“米粉”的基础上，为小米带来丰厚的经济效益。

小米手机500多万忠诚的粉丝——“米粉”，是其网络营销的“护航使者”。小米手机、小米耳机、红米手机在网络中爆红，并波及线下的群众，主要是靠那些忠实的“米粉”的口口相传，促使小米品牌迅速在线上线下走红。

2011年举办的第一届“米粉节”给我留下了深刻印象。不仅因为当时的现场气氛狂热，而且，会后我听到两名米粉在路边的聊天：“我买了小米手机所有颜色的保护壳，你呢？”“我还有一种颜色（的保护壳）没买。”这令我深思。“米粉”的聊天也体现了小米对粉丝强大的控制力。小米对粉丝的控制力还体现在小米配件商城的生意上。小米配件售价大部分是几元、几十元；而印有“小米”两个字的名片夹、扑克、购物袋，价格更低。小米副总裁黎万强2013年7月曾透露，2012年小米配件商城的销售额达6亿元，这是一个惊人的数字。小米的配件价格并不高，但能达到上亿的销售额，这意味着购买的绝对数量肯定很高。

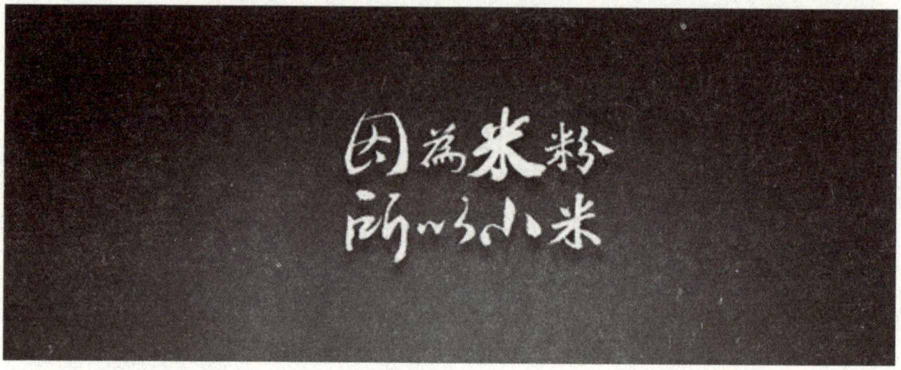

小米手机配件与挂着小米品牌的周边产品的良好销量，都反映了小米粉丝旺盛的购买力。这说明"米粉"对小米这个品牌的认同度很高。这些产品以极低的售价，获得了几亿元的销售额，表明了米粉的数量庞大。

通过小米手机的高出货量和小米商城的几亿元销售额，我们可以断定，小米的商业模式，应当是一个以粉丝为核心的巨大生意链条，并使潜在粉丝不断转化成忠诚粉丝，然后从忠诚粉丝身上赢利。换句话说，就是将粉丝和流量变成现金。于是"因为米粉，所以小米"不仅成为雷军与米粉激情互动时的一种符号化的口号，还反映了小米商业模式的核心所在——粉丝经济。正是由于米粉的存在，小米成功玩转网络营销、饥饿营销，迅速积累资金、聚集米粉、树立品牌。于是，小米毫无悬念地成为互联网时代粉丝经济的疯狂符号。

小米发展粉丝经济模式，在竞争激烈的手机行业中站稳了脚跟，走出了一条新的发展道路。越来越多的企业开始重视自己的粉丝，开始认识到粉丝对品牌的影响力，争先恐后地运用粉丝经济发展企业，与此同时，粉丝经济成为互联网经济中的热门话题。

当然，发展粉丝经济有一个前提条件，就是产品足够好。正如小米CEO雷军所说："只有专注，并且做到极致，你才有机会做到世界第一。"雷军做手机的态度是把每一款手机都当作给自己制作的手机，所以绝不会偷工减料。小米的手机全部选择最贵的原料、最优质的供应商、最优秀的组装厂。他能为"米粉"提供低价高配的手机，因为他一开始就在培养"米粉"。当"米粉"的群体成长起来，他才正式开始销售，并通过网络直销的方式把手机卖给"米粉"，于是他不需要渠道、实体零售店和促销员，极大地降低了手机的成本，从而实现了自己与米粉的双赢。

因为粉丝是提升企业品牌、产品品牌的动力，随着互联网浪潮的不断升温，像小米科技那样发展自己的粉丝，成为许多企业发展的趋势。企业想在互联网浪潮中获得持续发展，只有培养起自己的忠实粉丝，才有可能在市场竞争中获得更多的份额；没有粉丝的企业，不仅无法扩大市场，就连已经拥有的市场都很难保住。

企业要与时俱进，就要看清经济的发展趋势，就要顺应粉丝经济的潮流，才能使自己的产品或品牌越做越好，实力越来越强大。小米科技的成功无疑是因为采用了这种互联网时代的经济模式——粉丝经济。在粉丝经济的推动下，小米科技获得了惊人的发展，仅用了三年时间，就一跃成为全球第三大手机制造商。粉丝经济让小米科技在手机产业中创造了奇迹，也让小米科技荣获了"粉丝经济的疯狂符号"的美誉。

社群化，企业未来发展的基础

近些年来，伴随移动互联网经济的大发展，出现了很多新的词汇，比如共享经济、虚拟经济、族群经济。与之相对应，社交网络的发达也衍生出很多新兴的经济形态，其中社群化就是最明显的一种。

社群究竟是什么呢？简单地说，就是由不同的个体组成的一个个群体。美国经济学家勒维斯认为，每个人心中都有原始的部落情结，"成功的营销则必须迎合我们心灵深处的那种农业时代的部落意识"。

其实，社群这个概念早就已经存在。当前最主要的社群模式有三类：一类是具有媒体属性的社群，比如曾经一度火遍了网络的"罗辑思维"；一类是产品社群，这类社群以小米科技为典型代表；再有一类就是线下社群，比如"正和岛"。

虽然社群这个概念早就存在，但是它真正产生商业价值却是这一两年的事。特别是在这两年，随着移动互联网的迅速崛起，人们之间相互沟通的成本开始极速下降，这就使得人际关系的范围得到了大幅度的扩展。

不管是哪个行业，一旦有了社交这个巨大的助力，都可以挖掘出更大的商业价值。我们几乎可以这样说，依托于移动互联网的社群经济，将会成为企业未来发展的基础，也将成为企业所面临的巨大商机。

当然，企业想要玩转社群经济，就一定要知道构成社群的要素有哪些。

一般来说，社群由五个要素构成，分别是共同爱好、有效的结构、有价值的输出、有效运营以及复制。

第一，共同爱好。

这一点很好理解，就是聚合到一个社群的人要对某种事物有一致的认可。这种事物可以是一种产品，比如，基于对苹果手机的认可与热爱，产生了“果粉”，基于对小米手机的支持和认可，产生了“米粉”，等等。当然，这种事物也可以是一种行为，比如爱旅游的人一起组成“驴友会”，爱阅读的人组成读者交流会，等等。而“罗辑思维”就是靠着“有种、有趣、有料”这三点吸引了大量的志同道合的人。共同爱好是一个社群发展的起点，一个社群想要好好地存活，除了要立足于此，还要做好其他的四点。

社群五要素

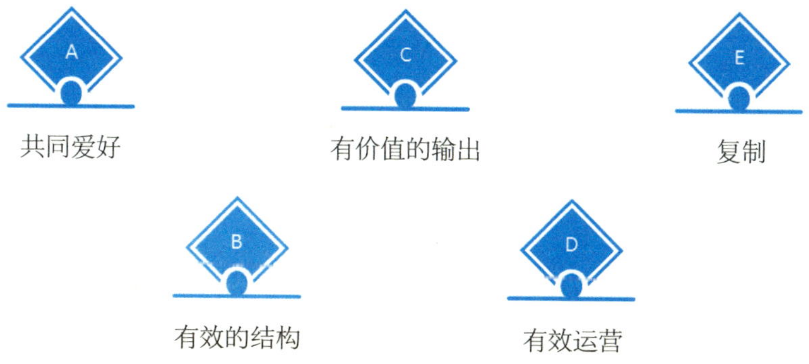

第二，有效的结构。

社群的发展也是需要一定的规则的，这就需要企业在发展社群之初就为社群制定好有效的结构。这个结构应该包括交流平台、组织成员、加入原则、管理规范，等等。这四个方面做好了，才可能让社群存在得更加长久。

第三，有价值的输出。

社群存在的一个很重要的意义就是要把有价值的东西传递出去。如果一个社群不能够传递有价值的东西，那么这个社群早晚会成为"鸡肋"，社群成员会断断续续地退出，这个群迟早也会解散。为了预防这种情况的发生，社群一定要定期输出有价值的东西，这才能吸引更多的人加入社群，留在社群中。比如，"罗辑思维"的罗振宇每天都会提供给听众一条有价值的语音，小米会不定期举办米粉节，等等。

第四，有效运营。

社群建立以后是需要用心运营的，刚刚建立的社群就像是刚刚起步的企业，如果不用心经营，它就会夭折。所以，我们说，有效运营决定了一个社群寿命的长短。一般说来，越是运营得好的社群，其生命力越旺盛，战斗力也越持久。

一般说来，社群群员在参与社群活动的时候会经历"四感"。首先是仪式感，比如，群员加入需要递交申请，入群需要接受群规，等等。其次，要有参与感。比如，展开一些集体讨论、分享，保证群内成员有共同话题可说。再次，要有组织感，通过对某个主题的分工协作，培养社群更强的战斗力。最后，要有归属感。通过线上线下的互动激发大家的归属感，这是社群经营到一定阶段的最高境界。

此外，社群的管理者应该行使一些类似于物业的职能或者BBS版主的职能，而不是单纯扮演一个“领袖”的角色。这是鉴别社群优质与否的一个很重要的方面。因为，一个社群一旦出现了“领袖”，就很可能会出现“朋党”现象。这对社群的整体发展是非常不利的。

第五，复制。

可以将成功的社群不断复制，不断壮大社群的规模。成熟的社群需要情感的归属与价值认同，而社群越大，情感分裂的可能性就越大。所以，社群在不断壮大的过程中，还需要不断地复制以往的成功经验，引导大家的情感趋同。

企业在进行社群文化建设的过程中，时刻提醒自己注意这几个方面，就能很好地构建出一个充满活力的社群，为企业的发展提供强大的信息发布与传递平台，推动企业的不断发展壮大。

粉丝经济，让文化产业迅速成长

在小米科技的引领下，粉丝经济被发扬光大。小米的迅速崛起，让越来越多的商家看到了粉丝经济的巨大潜力，手机行业的华为、OPPO也开始培养自己的忠实粉丝，顺应粉丝经济的浪潮，抢占手机市场中的制高点。2013年11月6日，“极路由”成功举办了新品路由器发布会，并精心策划了一场粉丝活动，发布会一结束就进行了与其粉丝零距离互动的“极蜜狂欢会”，还设置了新款路由器工程机的抽奖赠送环节，获得了“极蜜”的欢呼和疯抢。

随着时间的推移，粉丝经济的浪潮波及了文化产业。文化产业张开双臂迎接粉丝经济的浪潮，希望借助粉丝经济的力量获得快速发展。

在粉丝经济的浪潮中，文化产业不甘落后，乐视率先采用粉丝经济的模式做产品营销。2013年5月7日，乐视召开旗下超级电视的发布会，当CEO贾跃亭公布售价和“跑分”后，立刻赢得了全场粉丝的尖叫，场面之热烈不亚于小米发布会。这表明，乐视拥有一定的粉丝，只要加强与粉丝的互动，在不远的将来，乐视也可以从粉丝中掘出金矿，通过粉丝经济促使自己的影视文化产业成长壮大。

文化产业也越来越注意粉丝与品牌的互动。粉丝经济在影视、网络文学领域掀起了“龙卷风”。在文化产业中，人们越来越重视导演的粉丝、明星的粉丝、作家的粉丝的力量。人们因为喜欢导演的风格、佩服演员的演技、欣赏歌手的嗓音、迷恋作家的作品和文风，才去买电影票、买演唱会门票、买CD、买书。正是粉丝的购买支撑着这些艺术家不断前行，没有后顾之忧地投身于艺术事业，不断创造更精彩的作品，回馈自己的粉丝。

随着互联网互动平台微博、微信的推出，粉丝可以与企业、明星即时互动，“粉丝”成了互联网的一个标签，粉丝逐渐与消费密不可分，与经济效益挂钩。在商家眼里，不消费的粉丝算不上忠诚“粉丝”。粉丝的级别往往与消费的额度有关。文学网站就通过用户的消费额度评定粉丝的级别。

文学网站乘着互联网浪潮，积极地发展粉丝经济，促进了网络文化产业的迅速成长，每年创造了上千万元的商业价值。

2013年8月，纵横中文网发消息称，一名铁杆粉丝，为自己的偶像作者贡献了1亿纵横币（折合人民币100万元）的“打赏”，成为网络文学界第一位亿万“盟主”（用户消费1亿元网络虚拟货币可获得此称号）。该事件成为整个网络文学界的关注焦点，文化产业人士惊叹网络文学狂热粉丝背后的巨大商机。据调查显示，纵横中文网通过“打赏”推动了粉丝经济的发展，已经悄然成为一个价值上亿元的产业。

网络文学一直在走发展粉丝经济的道路，粉丝给作者和网站带来了稳定的收入。这一次铁杆粉丝为作者创造了100万元的经济效益，让人们更加关注粉丝。这位"发烧"的粉丝看了偶像作者"梦入神机"的新作品《星河大帝》，一个晚上就为该作者送上1亿元纵横币（折合人民币100万元）的"打赏"，此举在网络文学界掀起了巨浪，也揭开了粉丝经济的神秘面纱。

网络文学中的"打赏"是粉丝认可作者作品的一种方式，也是粉丝与作者互动的一种工具。粉丝喜欢某位作者的文风或某部作品，想力所能及地用金钱支持作者，于是"打赏"作者，粉丝觉得合情合理。各文学网站为了迎合粉丝的这种心理，设置了打赏这一消费系统，形成了网络文学的粉丝经济模式。网络文学的这一粉丝经济模式，首先满足了粉丝对作者的打赏需求，增加了粉丝与作者的联系，增加了网站的黏性，同时增加了作者的收入和网站的盈利。

打赏的额度可高可低，完全取决于粉丝。大多数网络文学网都有打赏系统，比如有名的起点中文网、17K小说网都有"打赏"系统。起点中文网的打赏系统也是为了满足"发烧"的粉丝对偶像作者的追捧。以起点中文网为例，打赏针对A级签约、合作签约作品。用户对作品认可后，可以用打赏的方式奖励作者。打赏每次最低需要100起点币（1元）。按照打赏金额的多少，粉丝可获得学徒、弟子、执事、盟主的称号。如果粉丝要想成为盟主，就需要给作品打赏10万起点币（1000元人民币）。打赏这一消费系统受到了粉丝的喜爱，起点中文网因此产生了一批"百盟"小说，即"盟主"级别的粉丝达到了100人的小说。其中《凡人修仙传》居百盟小说之首，有300多个"盟主"级别的粉丝，这300多个"盟主"级粉丝贡献了至少30万元，而且随着时间的推移，该小说的累积打赏额度还在增加。

这种打赏制造了庞大的产业。打赏把粉丝对作品的认可转化成了真金白银。对于不同级别的作者来说，打赏带来的收益相差甚远。据调查，“大神”级别的作者，打赏占总收入的20%，大神级别的作者对粉丝的打赏很感激，也促使他们在百忙之中抽出时间与粉丝互动。小神级别的作者，打赏仅占总收入的5%，有人认为可以忽略不计。关于打赏的收入，据相关负责人表示，几乎所有网站都要与作者五五分成。比如，“盟主”级粉丝打赏作者“梦入神机”100万元，纵横中文网可获得50万元，“梦入神机”可获得50万元。

网络文学的总产值达到10亿元以上，仅靠打赏系统每年就能带来上千万元的收入。虽然打赏占的比重很小，但这是在粉丝消费的基础上获得的收入，是一笔稳定的收入。

网络文学产业通过“打赏”的商业模式，鼓励原创作者的粉丝积极地消费网络文学，粉丝的“打赏”既激励了作者的创作热情，也为网络文学产业带来了巨额的收入。这种粉丝经济实实在在地为文学网站带来了财富，促进了网络文学产业的迅速成长。

粉丝经济，也推动了影视文化的繁荣。2014年暑期，很多国产电影利用粉丝经济做营销，刷新了中国电影的票房纪录，获得丰厚的收益。网络文学、电影、电视剧促成了文化产业的繁荣，表明粉丝经济将成为文化产业的驱动力，文化产业走粉丝经济之路，将成为一种趋势。

郭敬明与韩寒的电影对决

2014年文化产业得到了蓬勃发展，影视文化更给文化产业锦上添花，同时，为经济建设做出了巨大贡献。2014年暑期同档期上映的《后会无期》与《小时代3》都获得了优秀的票房成绩，但是在内容方面都受到质疑。

电影《后会无期》与《小时代3》，为什么存在内容缺憾，仍然能获得火爆的票房，而且还成为电影文化中人们关注的焦点？原来这两部电影都是为粉丝量身定做的，粉丝的贡献促使这两部电影打破了电影票房的记录。

《后会无期》、《小时代3》分别是韩寒、郭敬明导演的电影。韩寒、郭敬明在文坛中是年轻一代的知名作家，两人的文学风格截然不同，但是名气相当。他们的文学作品常常被人们相提并论。这一次，郭敬明、韩寒跨界发展，从文学跨到电影，他们的电影都获得了很高的票房，自然免不了被各界人士拿来比较。于是，出现了"郭敬明电影PK（对决）韩寒电影"这样的热门话题。

我认为"郭敬明电影PK韩寒电影"，体现在几个方面，即电影风格

PK、电影演员阵容PK、粉丝力量的PK、电影票房的PK。

2014年暑期国产电影的热门话题之王，非韩寒与郭敬明莫属。二人导演的电影在同一档期上映。在电影的宣传期，人们就对他们的电影充满了好奇，并处处把他们相提并论，猜测他们此次进军电影界，谁是青年才俊，谁能笑到最后。电影上映后，人们对两部电影的风格进行了比较。韩寒首次导演的《后会无期》文艺范儿十足，而郭敬明导演的《小时代3》，极其奢华。

两部电影都邀请了当红明星和大腕助阵，演员阵容难分高低。《后会无期》邀请的明星有陈柏霖、陈乔恩、冯绍峰、钟汉良等。《小时代》邀请的明星有杨幂、郭采洁、郭碧婷、谢依霖、王琳等。

韩寒和郭敬明粉丝都是以女性为主，其中郭敬明的女性粉丝比例高达80%。韩寒粉丝受教育程度大部分高于郭敬明的粉丝，郭敬明的粉丝大部分为大学本科或本科以下；韩寒的粉丝大多已经参加工作，其中以

白领为主体，而郭敬明的粉丝大多是在校学生；韩寒的粉丝年龄大部分长于郭敬明的粉丝。总体而言，韩寒的粉丝分散在各个年龄段、各种职业的人群中，而郭敬明的粉丝主要集中在年轻女性群体、在校学生群体中。此外，韩寒、郭敬明的粉丝都很忠诚，各自的粉丝都表示不会去看对方"阵营"的电影。

郭敬明和韩寒的电影票房都很突出。在上映首日，郭敬明的电影票房略逊于韩寒的电影票房。《小时代》的总票房收入为5.2亿元，《后会无期》总票房收入达到6.5亿元。韩寒电影《后会无期》名列华语片首日票房纪录的第六位。

粉丝经济在文化产业中发挥了重要力量，这两部电影显然不只是在比拼质量，而是比拼各自的粉丝能量。《后会无期》与《小时代3》上映首日，票房收入都突破了7000万元，打破了中国的电影票房纪录。

郭敬明和韩寒的电影对决，真正对决的是粉丝。郭敬明、韩寒电影票房的优异成绩，都与成功运作了粉丝经济有关，他们把自己多年来在文坛中培养起来的粉丝转化成自己的观众。郭敬明、韩寒电影票房的成功，说明粉丝经济能够带来让人意想不到的经济收益。

给你的品牌贴上独特的粉丝标签

粉丝，原来被称为追星族，一度被人们遗忘。随着互联网的发展，微博、微信等互动交流工具粉墨登场，粉丝成为时尚的代名词，备受年轻人喜爱。如今，粉丝不仅是影视文化产业的专有名词，在各行各业都备受关注。不同的企业都发挥创意，希望给自己的品牌贴上个性、亲切、醒目、生动的粉丝标签。

在文化产业中，特别是影视文化、体育文化中，很多明星、团队和组织都拥有自己独特的粉丝标签。被誉为电视娱乐节目先锋的湖南卫视，最火的节目莫过于《快乐大本营》，而看《快乐大本营》的观众，大部分是该节目主持人的铁杆粉丝。《快乐大本营》这档娱乐节目无处不体现着粉丝经济的痕迹。《快乐大本营》的五位知名主持人何炅、谢娜、李维嘉、吴昕、杜海涛，都拥有自己独特的粉丝标签，何炅独特的粉丝标签是“炅迷”“河粉”，谢娜的独特的粉丝标签是“娜米”，李维嘉的独特的粉丝标签是“嘉迷”，吴昕的独特的粉丝标签是“夹心糖”，杜海涛的独特的粉丝标签是"海飞丝"。歌星也有自己独特的粉丝标签，周杰伦的粉丝标签是"杰迷"，蔡依林的粉丝标签是"骑士"，张翰的粉丝标签是"汉堡"，韩庚的粉丝标签是"庚饭"。演员也有自己独特的粉丝标签，赵薇的粉丝标签是"微米"，范冰冰的粉丝标签是"冰棒"，林心如的粉丝标签是"御林军"，钟汉良的粉丝标签是"良民"，胡歌的粉丝标签是"胡椒粉"，吴尊的粉丝标签是"尊粉"，杨幂的粉丝标签是"蜜蜂"。明星有了自己独特的粉丝标签，与粉丝互动起来，更加能拉近自己与粉丝之间的距离，有利于与粉丝建立亲密、活跃的互动关系。明星与粉丝互动越密切，越能得到粉丝的支持。粉丝拥护明星，就会为明星的演出捧场，为明星的作品埋单，用真金白银支持明星。因此明星就能获得实际的收益。

企业家看到了粉丝给明星带来的收益，也开始努力培养自己的忠诚粉丝，聚集粉丝的力量实现自己的财富神话。众所周知，那些新兴的互联网公司，都在努力增加自己的粉丝，努力让用户参与到自己的品牌建设中，都在想方设法给自己的品牌贴上独特的标签。苹果给自己的品牌贴上了高贵的粉丝标签"果粉"，小米给自己的品牌贴上了厚道的粉丝标签"米粉"。

苹果的CEO蒂姆·库克曾经到西单大悦城的苹果零售店与"果粉"互动，还和果粉合影留念。

小米一直在培养自己的粉丝，拥有数量庞大的"米粉"。小米充分利用互联网的零距离、零成本交流渠道，在微博、QQ群、小米论坛与"米粉"亲密互动。在小米创办初期，雷军和小米的另外六位创始人每天要在小米论坛上泡至少一小时，除了了解小米用户的需求以外，还有一个目的就是培养小米的忠诚粉丝，为网络营销打基础。可见小米的营销是事先部署好的。如今，小米的这些创始人在百忙之中每天还要抽出十几分钟，与“米粉”零距离沟通。小米的工程师都需要亲自与米粉互动，对于“米粉”提出的问题，小米公司高度重视，并及时予以处理，三个小时内就能给用户答复。这些举措让“米粉”愿意“掏心挖肺”地为小米的发展出谋划策，从而，使小米的手机更充分地满足用户的需求。“米粉”喜欢小米的手机，并不自觉地跟身边的人称赞小米的优点，这种口口相传，让小米迅速树立起自己的品牌形象。于是，有了那句经典的口号：“因为‘米粉’，所以小米！”毫无疑问，“米粉”成为小米品牌的独特的粉丝标签。从此，只要提起“米粉”，人们就会想起小米。

苹果、小米都用心经营自己的粉丝，为自己的品牌贴上了“果粉”、“米粉”这样独特的粉丝标签。“果粉”、“米粉”自发地推广着自己喜爱的产品和品牌，不断壮大着企业的粉丝群体，为自己喜爱的手机聚集了越来越多的忠诚粉丝。正是这些粉丝的存在，才使苹果、小米得以创造一次又一次的营销奇迹和财富神话。于是，人们都说苹果是粉丝经济的经典，小米是粉丝经济的极致。

小米手机利用网络成功营销，节省了大把的推广、销售费用。华为、中兴、魅族也开始重视粉丝，注意积累自己的粉丝，并为自己的粉丝送上一个个亲切的名字。华为为自己的品牌贴上了独特的粉丝标签“花粉”，中兴为自己的品牌贴上了独特的粉丝标签“星星”，魅族为自己的品牌贴上了独特的粉丝标签“煤油”……产品如果没有自己独特的粉丝标签，就不好意思说自己是大牌。可见，独特的粉丝标签，能够扩大企业的品牌优势，能够提高企业的知名度。

用互联网思维迅速赢得粉丝的心

互联网的核心思维是用户思维，用户思维也是互联网思维的基础，只有把用户思维练得炉火纯青，才能在互联网浪潮中乘风破浪地前行。现有的企业不想被互联网浪潮淹没，就需要积极地"触网"，运用互联网思维经营自己的企业，经营自己的用户。拥有用户是企业存在的前提，企业要想强大起来，就需要运用互联网思维把用户转化成粉丝，发展粉丝经济。粉丝经济能够给企业带来持续而稳定的收入。发展粉丝经济的前提，是要赢得粉丝的心。企业要通过粉丝经济获得快速发展，就需要运用互联网思维快速赢得粉丝的心。

粉丝经济浪潮袭来，每个企业都想拥有粉丝，但是粉丝不是一天两天就能获得的。粉丝不是大白菜，不是你想买就能买得到。但是粉丝不是不能获得，只要你用心、耐心，就可以培养自己的铁杆粉丝、忠诚粉丝，进而发挥粉丝的力量，获得市场价值，获得商业收益。企业、个人都可以培养自己的粉丝，赢得粉丝的心，从而获得丰厚的收益。

想用互联网思维迅速赢得粉丝的心，有三种方法：提供极致的用户体验、与用户友好互动、为用户带来难以抗拒的价值。

通过提供极致的用户体验，苹果迅速俘获了粉丝的心。苹果为了赢得粉丝的心，在全世界的重要城市都开设了苹果店铺。

苹果线下的实体店铺不是普通的实体店铺，而是苹果的品牌体验店。去过的人都知道，苹果体验店很豪华，装修都很时尚、很高档，与苹果的高档电子产品风格很协调。在苹果的体验店里，有笔记本电脑、平板电脑、手机等，都是新款产品。在这里，小孩子可以自由打开平板电脑，玩自己喜欢的游戏；年轻人可以痛快地玩自己向往已久的苹果手机；白领可以自由自在地操作笔记本电脑。每个人都可以在店里的手机和电脑上玩游戏、浏览网页，感觉就像在自己家里玩手机、玩电脑一样，这种氛围使用户对苹果体验店产生了依赖，对苹果的产品更是爱不释手。无论你在店里玩多久，工作人员都不会干涉你，也不会向你推销产品。用户和用户之间会发自内心地交流苹果产品的使用心得。因为创意的设计和功能，苹果店铺已经成为各大城市中一道亮丽的风景线，吸引所有路过苹果店门口的顾客光临或驻留。正如乔布斯所言，苹果店铺不只是简单的商店，而是苹果顾客的交流场所，体验产品的梦幻之地。

苹果店铺是为提供极致的用户体验而生，从而培养出一批忠诚的“果粉”，苹果店铺成为苹果公司与“果粉”共建苹果品牌的空间。苹果还通过演示，来给用户提供体验。乔布斯在新品发布会上会花十分钟的时间向用户展示新产品，并营造出一种妙趣横生的氛围。通过提供极致的用户体验，苹果快速赢得了粉丝的心。

在与粉丝友好互动方面，小米做得很成功。和粉丝互动，企业不能自问自答，不能唱独角戏。企业需要双向互动，在互动的过程中还要用心，不断创新、发挥创意，设计很多充满创意的场景和话题，从而吸引用户的参与。只有用户参与了，双方才能实现互动。小米很注重场景的设计，激发用户的参与激情，从而提高用户参与的效率，让用户深度介入。小米与用户互动，主要通过小米论坛、微博、微信、QQ空间等互联网平台。小米从创建之初，就要求工程师通过论坛、微博、QQ等工具与用户直接互动。小米还邀请用户参与小米的研发，及时反馈信息；工程师直接与用户沟通，及时掌握用户的需求，及时按照用户的反馈改进产品。小米还邀请用户体验工程测试机，让用户给出反馈意见。比如，用户提出数据线太短、电池后盖易松动、音量控制键不灵等等问题，工程师通过综合分析和处理后，就会在接下来的订单中改进。小米在与用户互动的过程中，也在营造一种温暖的感觉，让用户感觉到小米把自己当作朋友，于是用户也用朋友的心态与小米友好互动。小米的迅速崛起，得益于小米与"米粉"的友好互动。友好互动，让小米迅速赢得了粉丝的心，使其实现了粉丝经济的成功营销。

在为用户提供难以抗拒的价值方面，摇篮网做得很出色。摇篮网在发展的过程中，不断优化自己的服务，提升自己的产品价值。它推出三个服务，即"天才妈妈培训班"服务、个性化指导的科学育儿系统和婴儿发展测评。"天才妈妈培训班"通过与妈妈们互动，在传递育儿知识、交流育儿经验的时候，巧妙地融入广告产品。其中婴儿发展测评有100多万人次参与。摇篮网因此获得巨大的一手用户信息，这些信息覆盖了婴幼儿的各个方面，摇篮网凭借这些信息吸引了很多广告客户，广告客户通过这些信息能够更精准地投放广告。用户之所以能在摇篮网上停留，因为可以免费、方便地获得自己需要的育儿知识。摇篮网正是为用户提供了超值的育儿服务，才快速赢得了大量粉丝的心。

小米、苹果的粉丝经济成功，让越来越多传统知名企业感慨，没有粉丝标签就不好意思说是名牌。而利用粉丝发展起来的企业一致认为，没有粉丝，就没有品牌；没有粉丝，企业就会死掉。过去商家常常说，女人和孩子的钱最好赚，如今，则是粉丝的钱最好赚。小米赚“米粉”的钱，迅速壮大；苹果赚“果粉”的钱，长盛不衰。在粉丝经济浪潮中，无论是企业家还是明星、作家，都必须明白这样一个真理：谁拥有粉丝，谁就有赚不完的钱。

在粉丝至上的商业中，企业一定要用心经营自己与粉丝的关系，一定要明白，你与粉丝之间的关系不是简单的企业与客户的关系。企业要赢得粉丝的心，一定要以朋友的心态与用户沟通，这样用户就会逐渐变成你的忠实粉丝。企业不仅要把用户变成粉丝，最重要的是要留住这些粉丝，让他们转化成企业的铁杆粉丝，这就必须随时随地与粉丝互动。对粉丝的发言，一定要及时回复，让粉丝更加信赖你、依赖你，这样粉丝才会认可你的产品和品牌，才会积极地参与到你的品牌建设中，帮助你传播品牌。这样，企业就能发挥粉丝的力量，提高产品的销量，从而快速发展。

第七章

众筹天下，筹人筹智筹钱筹未来

互联网时代，衍生出很多全新的商业模式，众筹就是其中最受瞩目的模式之一。通过众筹，那些有着美好理想与创意的人们，得到了从梦想踏入现实的充足资金；通过众筹，那些有着伟大抱负的企业，汇聚了大众的智慧，创造了更加美好的未来。

在创意与创新盛行的时代，众筹已经成为将人们的理想转化为现实的一条重要途径。

众筹，最具创意的运营模式

众筹是什么？众筹一词，最早发源于英文"Crowdfunding"，是"Crowdsourcing（众包）"和"Microfinancing（微型金融）"两词的融合。

从字面意思上，我们不难理解，众筹就是面向公众筹集资金，特别是指那些以资助个人、公益（慈善）组织或者小企业为目的的小额资金募集。

众筹发展到现在，已经成为企业进行产品宣传的一种别具创意的运营模式。这里简单举个例子。

2016年的年关将近，南京某公司的白领李小姐收到了通过众筹预订的川味香肠。李小姐预订的这种川味香肠与超市里买来的真空包装香肠不同。制造这批香肠的猪肉全部都是"私人定制"的。和李小姐同一个办公室的孙女士甚至还参与了众筹"窗花"。

众筹的出现，改变了目前的市场现状。淘宝电商透露，因为众筹的出现，2016年的“年货节”很多人开始置办一些具有特色的年货。互联网的发展，让人们找回了小时候过年的味道，很多人购置的年货都是稀罕的“限量版”。

比如，我们在上面例子中提到的李小姐，她爱吃的川味香肠是从四川绵阳的中太镇寄来的。2015年的时候，一个叫作“守望大地”的团队曾经发起过一个众筹活动，号召那些想吃最巴适（四川方言，意思是安逸、舒服）川味年货的网友，参与“养猪做香肠”的活动。这个活动一经推出就吸引了全国范围内近两千名网友的支持。

为此，“守望大地”团队与40户村民签订了合同，投资让这40户村民养殖600头猪，这批猪不吃剩菜剩饭或者是精饲料，只吃由村民专门为它们种的庄稼。在团队的帮助下，这些村民还学会了生态循环养殖，把猪粪和秸秆变成能源和有机肥，从此村民用上了沼气。

随着气温逐渐下降，中太镇的村民开始忙碌起来，杀猪、手工剁料灌香肠。从2016年1月11号起，原汁原味的纯手工香肠陆陆续续被发往全国各地。

通过众筹模式的运作，人们淳朴而原始的愿望得以实现。通过各种众筹活动，很多小本经营者也找到了自己的出路。

在社交网络如此发达的今天，众筹已经成为各中小企业筹备资金、进行产品营销推广极具创意的一种运营模式。

众筹在国内发展的时间虽然不长，但是所取得的成绩却非常可观。

2011年7月，点名时间上线，成为中国上线最早的众筹平台；

2013年2月，众筹网上线，成为中国最有影响力的众筹平台；

2013年9月，品秀在线上线，成为中国最有价值的众筹平台；

2013年10月，中国梦网上线，成为中国一个创新型众筹平台。

随着众筹模式的兴起和不断完善，人们渐渐意识到了在众筹的过程中需要三个必不可少的因素，即平台、发起人、支持者。

我国目前的众筹网站大多处于起步阶段，虽然众筹网站众多，但是各个网站的水平却参差不齐，有些众筹网站借助着"互联网+"的春风取得了不错的发展，而有的众筹网站却因为经营不善，难以为继。

分析我国当前比较知名的一些众筹网站，我们发现，这些众筹网站目前的运营模式主要是以奖励制众筹为主，与此同时还有少量的网站允许股权制众筹。

总体来看，我国目前市场环境下众筹网站的发展水平不一，同时，还存在着网站同质化严重、融资规模普遍较低、可能面临法律风险等问题。这些都成为摆在众筹平台、众筹发起方及众筹投资方面前亟待解决的问题。

当然，这是众筹网站本身需要去完善的地方。对于企业而言，众筹是一种正在兴起的商业模式，也是一种极具创意的商业模式。

企业要做的，就是充分利用这种商业模式，发挥自己的创意与创造力，为企业的发展铺平道路。

当"互联网+"的浪潮席卷各行各业的时候，安徽少儿出版社也借助这股浪潮，玩了一把众筹。

在众筹网的"出版"子栏目中，有这样一个项目，它就是《金色的梦——陈永镇的艺术世界》。该项目发起的初衷，是安徽少儿出版社想要通过众筹，将当代中国顶尖的儿童画画家陈永镇的作品结集出版。项目一经发起，就得到很多用户的支持，短短半个月就达到了众筹目标。

不管是文化创意产业，还是其他行业，都已经渐渐意识到了众筹的巨大威力。企业纷纷借助众筹这个法宝，来筹集企业发展的资金。比如，在京东众筹网站上就有不少的众筹发起者，想要通过众筹来为自己的产品筹集研发资金。

所以，对于任何一个想在这个时代赢得一席之地的企业来说，掌握这个时代极具创意的运营模式，并让这种运营模式为我所用，就掌握了制胜之道。

众筹，让再小的创业者也有实现梦想的机会

在国内，众筹模式发展得很快，现在呈燎原之势，让很多创业者看到了它惊人的潜力。

在目前的各大众筹网站上，参与众筹的项目包罗万象，几乎能够见到各行各业的踪影。有众筹研制义肢的，众筹制造新型电动车的，众筹制造扫地机器人的，众筹帮助大山里的孩子的，众筹一场音乐会的，等等。

真的是只有你想不到，没有别人做不到。在众筹这块小小的天地里，再小的创业者都有实现梦想的机会。

家住山东省高密市井沟镇河南村的范祚信是一位年逾古稀的老人，他平生最引以为傲的就是他的剪纸手艺。

随着人们生活水平的提高，二十世纪八九十年代村里的纸糊窗户换成玻璃窗以后，贴窗花的人家变得越来越少了。从前"腊月家家贴窗花"的热闹场景离范老越来越远了。让剪纸的手艺延续下去，成为范老

最大的心愿。

借助着淘宝众筹的平台，范老的愿望得以实现。范老在淘宝众筹平台上发起众筹，拿出了自己珍藏多年的七十多个宝贵图样，一一展示给窗花爱好者们。这些图样包括胖嘟嘟、喜洋洋的福娃，栩栩如生的猴子等。

2016年1月范老发起众筹，在短短一天的时间内，该项目就顺利达成了众筹目标，支持人数为3500人，达成率137%，远远超出了范老的预期。

剪纸是中华民族的一种传统艺术，随着时代的发展，这种文化离人们越来越远了。然而，借助着互联网的众筹平台，一度被人们遗忘的剪纸艺术再度受到了人们的关注。剪纸艺术从被遗忘到被关注，众筹这种新型的运营方式起着非常关键的作用。

无独有偶，在2016年的新年来临之际，宜都米柚之乡在苏宁易购的众筹平台上也发起了众筹。该项目本来预定的目标是在1月22日之前众筹到1万元，但是让发起方没有想到的是，短短几天时间内，就有超过三千人参与众筹，众筹的金额则达到了4.3万元。

从民间的剪纸艺术，到农副产品，任何一个看起来不起眼的行业都可以通过众筹迅速招徕到自己的拥护者。

淘宝众筹的相关人士说，以往年轻人回家过年的时候，总是带着大包小包。现如今，互联网已经连通城市和乡村，土货可以进城、洋货可以下乡，每家每户都能吃到最地道的美味。过年也变得简单了。

就在2016年春节临近的时候，淘宝众筹平台上的"土年货"火起来了。登陆淘宝的众筹平台，各式各样的年货应有尽有，胶东的大馒头、赣南的酱板鸭、湘西的腊肉，以往过年时的农家美味，通过神奇的互联网从遥远的村镇送进了城市里。

而不少非遗传承的古老手艺也通过众筹，重新进入人们的年货采购清单，唤起不少人儿时的记忆。其中，最让人惊讶的就是朱仙镇的木版年画众筹，支持人数将近五万，众筹金额超过了67万元，众筹达成率高达1335%。

这些古老的行业借助着众筹的平台重新赢得了世人的关注，为其产品开拓了销路。

其实，对于任何一个行业、任何一个企业来讲，众筹都是一个很好的平台。众筹是摆在大家面前的一个非常有力的杠杆，借助着这个杠杆，任何一个有理想有抱负的人，都可以拥有实现梦想的机会，再小的创业者也能拥有大显身手的平台。

众筹，筹的是粉丝和模式

随着粉丝经济的不断发展，衍生出一种新的商业模式——众筹。

网络文学中的打赏和金融业中的众筹，被业内人士称为粉丝经济下的两个蛋。这个幽默风趣的说法，让我们认识到："众筹，筹的就是粉丝和模式。"

众筹就是把有共同目标或相同爱好的粉丝聚集起来，完成一件有意义、有价值的事情。粉丝心甘情愿地为这件事情慷慨解囊，用资金支持自己喜欢的项目。比如，粉丝可能会投资自己喜欢的电影，因为是自己投资，他很可能会去观看电影、宣传电影。也就是说，未来电影的投资人就是粉丝。当粉丝坐在电影院里观看自己投资的电影时，会获得精神上的满足，还有机会获得该电影的商业回报。

众筹将会降低商业风险，同时给粉丝带来更高的回报和多重的价值。

众筹由最早的金融业，已经跨界到了电影、音乐、图书出版、教育等行业。越来越多的明星经纪人，开启了低风险高回报的粉丝经济模式。其中，在音乐领域，李宇春利用微博这个众筹平台，聚拢了很多"玉米"，走粉丝经济之路，名利双收。

李宇春在乐坛发展多年，培养了上百万的粉丝——"玉米"，这些"玉米"大部分已经参加工作，购买力也增强了。

2014年4月14日李宇春的新歌《酷》首次发行，她充分利用自己庞大的"玉米"力量，借助微博的众筹平台，以彩铃的方式发售新歌，而新浪微博为唯一渠道。《酷》的制作方通过新浪微博把"玉米"聚集到一起。"玉米"想第一时间欣赏《酷》，就要登录新浪微博，付费下载这首歌。只要输入自己的手机号码，通过话费支付下载，就能快速收听到自己盼望已久的《酷》。对于"玉米"而言，用两元的话费欣赏自己喜欢的歌当然物有所值，这比买唱片实惠多了。对于普通用户来说，用2元花费下载一首新歌，花的不过是买一瓶饮料的钱，或许还能给自己带来惊喜。

彩铃市场空间很大，国内手机用户高达5亿，即使只有50%的用户使用彩铃，规模也不小，可见彩铃的市场价值很惊人。与彩铃用户的人数比，买唱片的人可以忽略不计。此外，彩铃购买方便，只要有手机，就可以立即获得，而买唱片则要么到影像店去买，要么需要网购，显然不如购买彩铃方便。

《酷》下载一次需要2元，李宇春现有约300万"玉米"，乐观地估计，可以带来600万元的真金白银，再加上微博传播获得的用户购买，此次《酷》的收入远远不止600万元。

李宇春凭借单曲新歌《酷》尝试了一次和粉丝的互动，其实，这是一次用互联网思维将自己的300万“玉米”转化成了600万元的现金的过程，是利用微博上的粉丝实现众筹的一种模式。

李宇春用互联网思维经营音乐，用粉丝经济营销音乐，用众筹模式玩转音乐，完全颠覆了传统音乐出唱片的商业模式。传统的音乐公司，往往用最少十首歌制作一张专辑，目的是帮助歌手炒热一首歌，其实就是为了赚一首歌的钱；而粉丝买歌手的专辑，往往就是冲着那一首新歌，而一张唱片的价格远远不只两元。而此次李宇春以彩铃的方式发行单曲《酷》，能够让用户花最少的钱，听到最想听的歌曲；能够让用户以最快最方便的途径听到自己想听的歌。对于“玉米”和大众用户来说物有所值，也给他们带来了真正的实惠。对于制作方来说，制作唱片要投入巨额资金，风险高，而且资金回收速度也慢；在微博上卖彩铃，不需要巨资投入，只需要花一定的推广费，而且能够快速回笼资金，只要“玉米”下载彩铃成功，钱就成了“篮子里的蛋”，飞不走了。建立在粉丝基础上的众筹经营模式，最大限度地降低了商业风险，最大限度地降低了粉丝的消费成本，能够为买卖双方带来双赢。

众筹的门槛很低，在民间，众筹已经被称为“低门槛创业神器”。只要你想创业，你可以登录任何一个众筹网站，面向全民发起你的项目。但是，未必所有的项目都能通过众筹模式筹到创业资金，因为你的项目得通过投资者的考核，投资者不想让自己的钱打水漂。所以，只有好的项目、有价值的项目，才可以采用众筹模式，获得足够的创业资金。

目前，众筹还在起步阶段，国内的众筹运营模式大多数采用回报的模式。投资者喜欢一个项目，预测该项目能给自己带来收益，才会投入现金支持项目。投资当然有风险，自己预测能赚钱的项目，结果不一定真的能赚钱。

所以，投资者利用众筹做投资，一定要理性，要认真考察项目，最大限度地降低自己的投资风险。当然，在利用粉丝经济而进行的众筹中，粉丝一般风险较低，因为粉丝投资电影，首先是为了观赏电影获得精神满足，其次才关注票房收入；对于项目的发起人，未必能够赚得盆满钵满，至少能不赔本。所以，采用依靠粉丝的众筹模式，能够极大地降低商业风险。众筹的这一优点，将让越来越多的商家重视粉丝，不断推动粉丝经济发展。

社交，让众筹变得更加简单

在我们浏览网页上的新闻的时候，经常能够看到一些这样的消息，某某项目通过众筹，顺利筹得多少资金，取得了怎样的成就。似乎别人的众筹都是水到渠成的事情。

别人进行众筹为何能够取得这样的效果呢？最简单、最直接的原因就是他们善于运用社交平台这个众筹的利器。通过社交平台，动员所有与项目发起者志同道合的人支持项目，宣传推广项目；利用社交的力量，让项目的知名度在最短的时间内被无限放大，打响众筹的第一枪。

通过社交而成功的众筹项目众多，在文化出版领域，最典型的一个例子就是《玩转众筹》一书的出版。

《玩转众筹》从创意产生到付梓成册，可谓筹人、筹智、筹资源。从主编到编委，几乎全部都是众筹而来。

这场众筹的发起者就是这本书的主编。2014年3月24日，《玩转众筹》的主编魏来在自己的微信群里发起了倡议，要写一本众筹方面的书。他的消息发出去以后，在短短三天时间里，就收到了很多电话、微信与短信的咨询。朋友圈里的反应完全超出了他的想象。在他发起创意的第二天，《21世纪经济报道》执行总裁助理郑清女士就加入这个众筹的阵营当中。在接下来的几天里，众筹团队相继筹到众筹领域不少知名人士。

该书意在传递众筹知识，并且借助众筹手段筹到了一个主编、一个副主编、十四个编委以及一百个读者编委。这些成员来自大江南北，出自各行各业，文化、教育、互联网、传媒等领域几乎无所不包，这就为该书内容的丰富提供了技术保证。

与此同时，还有很多文化、教育、互联网以及传媒等行业人士参与到该书的创作与出版过程当中来，这也最大限度地保证了内容的严谨性以及传播宣传渠道的多样性。

从项目发起到图书集结成册，经过短短二十天的时间，该书的电子版就正式在各大电子书城上线。而众筹委员会的成员，也从此次众筹中收获了巨大的喜悦。

这就是通过社交平台来进行众筹的神奇之处，社交平台基础之上的众筹，往往是最先在熟人之间传播，这就具备了一定的信任基础，为众筹接下来的展开创造了条件。而正是社交平台，让众筹变得更加简单起来。

不仅是文化出版行业，影视动漫行业通过社交平台展开的众筹，也着实让一些项目火了起来。

2015年暑期的一部有动画电影赢得了不少影迷的称赞，这部电影就是《大圣归来》。观看过这部影片的人，也许没有注意，在片尾滚动的字幕里，有一百余位《大圣归来》的投资人的名字。该电影众筹投入780万元，但获利却超过了3000万元。

不得不说，众筹已经从刚刚在国内起步时的生涩慢慢变得成熟。尤其是随着社交元素的加入，更是让众筹如虎添翼，发展更加顺畅，内容更加丰富。

其实，众筹早已经不是新鲜的事物，从前几年开始，国内就经常会冒出一些众筹模式的萌芽。就拿影视众筹来说，从最初的“娱乐宝”上线时，粉丝用一百元即可支持自己喜欢的电影，到后来的《大圣归来》、《万物生长》，影视产业玩众筹几乎已经到了炉火纯青的程度。

除了影视产业外，创业领域的众筹也是热火朝天。以天使汇网站上一个以软硬件设备结合互联网的环境而研发出的音乐电台创业项目“LavaRadio”为例。该项目在众筹平台上线仅仅14天，就募得335万元资金，比预定融资目标250万元超出34%。

在社交网络越来越成熟的时代，各行各业进行众筹的条件也越来越成熟，纵横交错的社交关系在社交网站上形成了一张密密麻麻的网。

每一个人都成为这个网上的节点，消息通过这些节点扩散，很快就能辐射和影响周围的人群，这就是社交网络的神奇与可怕之处。同样，如果项目发起人在进行项目推广的时候，充分利用社交关系的力量，就能最大限度地将项目信息快速扩散，形成项目的影响力，促进项目的推进。

隐墅模式，开辟中国乡村改造新时代

何谓隐墅？这是浙江隐墅乡村旅游开发有限公司在乡村改造上开创的一种全新模式。它以浙江盘云谷为例，将这些石屋改造成现代人回归田园生活的栖居之所。中国隐墅创始人马勇伟给这些改造后的石屋取了一个别致的名字——隐墅。

盘垟村山清水秀，奇石怪林与山水相映成趣，日出、晚霞、雾凇时令景色让人着迷。一直以来，这个灵秀的小山村都吸引着无数的摄影爱好者与绘画爱好者前来采风。

盘垟村周边有三垟湿地、天河水库以及五美景园等生态旅游景点。此外，还包含着古寺（塔）、摩崖石刻、温州生态园等48处重要景观。

该村的平均海拔为630米，占地5000亩，由蟠台阁与里垟两个村落组成。村落保持了自然环境原有的地理和生态面貌，植物种类众多，建筑多为石头民居，道路多为条石拼接。

这里的57栋石屋错落地分布在山坳里，大多已经有上百年的历史。当年囿于条件的限制，这里交通闭塞，山路难行，人们只好就地取材，把坚固的石头当成建筑材料建造出了这些独特的石屋。如今，这里的居民大部分已经搬到山下居住。这些空空的石屋经历了风吹雨打，但依然坚固如初。

浙江隐墅乡村旅游开发有限公司对该地的优势进行充分利用，将濒临废弃状态的石屋群落打造成了文化创意产业园区。57栋石头屋在保留了原有风格的基础上，做了有针对性的修复，每栋石屋都由不同的设计师精心设计，每一栋建筑都有自己的特色，或者是书画家的创作室，或者是民间工艺的制作室，或者是小型的民族风俗展厅，或者是可以休憩的山间客栈。

这个创意的产生，有着一定的时代背景。随着人们生活节奏的加快和生活质量的提高，人们对生活品质的要求也在不断提升。隐墅，作为都市人群生活的第二居所，是充满诗意的隐居之地，是成功人士的品质生活之选。

如今，生活在都市中的成功人士，很多都曾经是农民。他们生活的质量按照版本划分，分为：1.0版本——拥有一套商品房；2.0版本——拥有一套豪华别墅。如今，又衍生出了一个3.0版本，那就是归隐田园、诗意栖居的隐墅，这是一种低碳、环保、原生态的生活方式。

在这种趋势下，以温州乡村改造为代表的隐墅模式从幕后走向台前。随着乡村旅游和民宿之风刮起，浙江隐墅公司旗下位于洞头的胖湾渔家风情艺术村和山福镇的白鹿奢乡也正在如火如荼地发展。

盘云谷文化创意村第一期建设已经有25幢隐墅开张，这每一幢隐墅都已经有了自己的主人，并以不同的风格来迎接到访的每一位游客。

从古屋改造到古屋被打造成文化创意村，这个过程被巧妙地引入了时下最流行的"众筹"模式。

任何一个人，只要通过投资都可以成为隐墅的主人。通过众筹的方式，让一幢幢已经破败的小屋彰显出勃勃生机，最终达到全民建设美丽乡村的效果。

刘先生是一位出生土长的农村人，经过多年的摸爬滚打，在城市里站稳了脚跟。然而，他却时常怀念儿时在大山的田野里与小伙伴们一起玩耍的景象。因此，他一直想在乡下买个房子，作为实现其山间梦想的栖居之所。

2013年，隐墅公司与盘垟村正式签订为期20年的房屋租赁合同，计划对村里的农房进行设计与改造，规划“隐墅版图”，打造创意文化艺术村。

与此同时，隐墅公司的一则公开“寻找中国合伙人”的广告在坊间悄然传播开来，只要投资50万元，就可以在创意村里挑选一幢老屋，成为老屋的主人。

就这样，刘先生找到了一幢等待着他的老屋，“梧桐·墅”由此诞生。2015年10月，“梧桐·墅”正式迎来第一批入住的客人，“十一”黄金周，盘云谷隐墅一屋难求，而仅仅“梧桐·墅”一家的营业额就占了整个隐墅区营业额的15%。这让第一次涉足隐墅投资的刘先生既欣喜又激动。

投资隐墅，成为隐墅的主人，不仅可以享有隐墅的居住权，还能在隐墅空置时期对外营业，让隐墅为主人创造价值。这样双赢的隐墅模式一经推出，就吸引了不少投资人的关注。在隐墅投资人中，有的是工作中的好伙伴，有的是夫妻，有的是恋人，有的是闺蜜。他们对隐墅进行投资，并提出自己想要的装修风格之后，就做起了"甩手掌柜"。剩下的策划、设计、经营管理，全部都由隐墅公司全权负责，装修以及隐墅后期经营所需要的一些费用，也由公司买单。

目前，盘云谷的山间隐墅已经吸引了越来越多的游人，盘云谷文化艺术村也逐渐发展成熟。

除了一次性投资50万元拥有隐墅，隐墅公司还推出了其他种类的众筹方式，即单幢隐墅征集100位支持者，每人一次性投资5000元，就可以成为隐墅的股东之一，享受定期的股权分红。该众筹方式推出以后，第一幢试行的隐墅100股已经全部售出。

投资者也可以选择入股，隐墅乡村旅游开发有限公司拿出了25%的股权，向社会公开募集资金，每15万元为一股，每人最高持股不得超过10%。如此，投资人就可以成为隐墅乡村旅游开发有限公司的股东，进而享受收益

分红及每年4次的隐墅免费使用权。

共有投资5000元、15万元、50万元三种方案供投资者选择，这让隐墅项目的众筹有了更多成功的可能。

你不得不知的几家国内知名众筹平台

国内众筹平台不断涌现，让人应接不暇。众筹平台发展良莠不齐，难免鱼龙混杂。而企业在进行众筹的过程中，很多时候又离不开众筹平台，所以，为了保证企业更好地开展众筹活动，我们将目前国内比较知名的众筹平台简单介绍一下。目前，国内比较著名的众筹平台有：点名时间、众筹网、追梦网、大家投、天使汇、京东众筹、淘宝众筹，等等。

1.点名时间

点名时间上线于2011年7月，网站创建之初，众筹范围非常广泛，涉及出版、音乐、影视、设计、科技、公益领域的项目及一些个人项目。

点名时间的筹资模式以回报型众筹为主。2012年初，运营了半年的点名时间根据积累的数据发现，网站的整体项目支持率及转化率远远超过了其他一些众筹平台，项目筹集的资金突破了50万元。就是在这一年，点名时间受到了业界的关注，众筹模式也由此开始在国内萌芽。

也是从2012年开始，点名时间开始在智能硬件产业链领域发力。为此它的负责人还到上海、深圳、杭州等地进行了深入调研，发现国内很多人都不想再做贴牌、代工等OEM（定点生产）、ODM（原始设计制造商）模式，发现商机的点名时间很快决定创立自己的品牌。

2013年初，点名时间正式将经营方向与重心放在了智能硬件领域，到2013年底时，点名时间明确表示不再接受非智能硬件类项目。

2014年7月，点名时间在成立三周年的时候，正式宣布脱离众筹模式，开始转型智能产品首发模式。

2.众筹网

2013年2月，众筹网正式上线。作为网信金融集团旗下的众筹模式网站，众筹网为项目发起人提供募资、融资、孵化、运营等一条龙式的综合众筹服务。同点名时间一样，众筹网的筹资模式也以回报型众筹为主。

在众筹网上也曾经诞生过许多经典的众筹项目。比如，与长安保险联合推出的“爱情保险”众筹项目，筹资总额超过600万元，创造了国内最高众筹记录；在众筹网上发起的“快男电影”吸引了近4万人参与，创造了参与、支持人数最多的众筹项目记录。

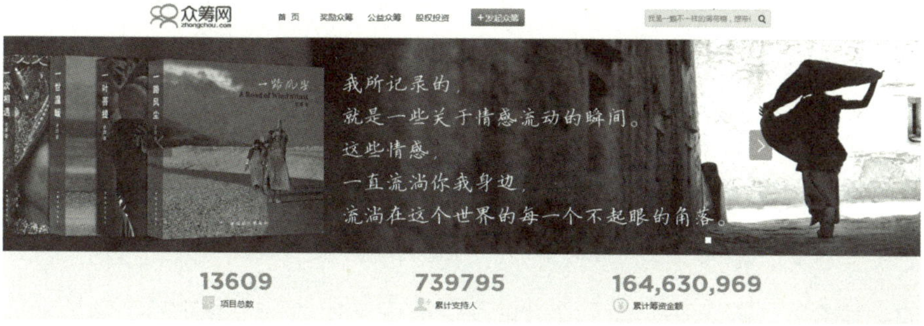

3.追梦网

追梦网上线于2011年9月20日，旨在让有梦想、有创意、有追求的年轻人创造出自己想要的东西。自从上线以来，追梦网共发起了音乐、电影、出版、旅行和人文等各种类型的众筹项目数百个，总筹资额达到了300多万元。追梦网的筹资模式同样是着重于回报型众筹。

4.大家投

大家投最初名为"众帮天使网"，2012年12月10日，正式更名为大家投。大家投与其他众筹网站不同之处是，大家投推出了"领头人+跟投人"的机制、先成立有限合伙企业再入股项目公司的投资人持股制度及资金托管产品"投付宝"。同前面讲到的众筹平台不同，大家投是国内第一家股权众筹平台，投资回报多以股权、分红为主。

5.天使汇

2011年11月天使汇成立，旨在发挥互联网高效、透明的优势，让创业者与天使投资人实现快速对接。天使汇是国内首家致力于发布天使投资人众筹规则的平台，截止到2013年10月，在天使汇众筹平台上注册的项目达到8000个，完成的项目共达70个，通过审核挂牌的企业超过1000家，创业者会员逾22000位，融资金额达2.5亿元人民币。2015年，该数据被刷新，305个项目完成了30亿融资额，注册项目达到了33038个，2273个投资人在天使汇进行了认证。天使汇与大家投一样，同样是以股权制众筹为主。

6.京东众筹

顺应时代发展的潮流，京东顺时而动，2014年7月，京东金融开发出了其第五大业务板块——"凑份子"。与此同时，京东众筹业务上线12个新奇的众筹项目，这些项目包括7个智能硬件项目与5个流行文化项目。这是京东针对用户兴趣而进行的精准定位，京东的目标用户多是热衷于流行文化的消费者。"凑份子"业务的推出将京东自身的全品类平台优势与优质客户相结合，打造出了门槛低、好玩新奇、全民都可以参与的众筹平台。

京东众筹与其他众筹平台的不同之处在于，项目支持者不仅仅是消费者，还是投资人与参与者。这能够让筹资人与支持者之间建立深层次的互动，有利于产品向着好的方向发展。京东众筹作为京东金融的一个业务分支，最主要的众筹模式是股权制众筹及回报型众筹。

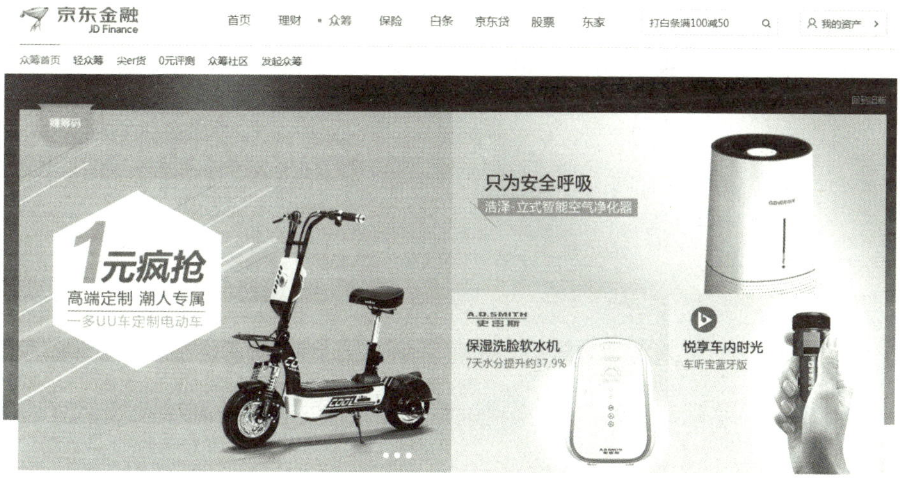

7.淘宝众筹

作为互联网领域的大佬，阿里巴巴从来就不肯落后于人。此次，当所有的人都相中了众筹这个充满商机的领域时，阿里巴巴也在其电商平台淘宝上开辟出了众筹板块。相比于其他众筹网站，淘宝依托阿里巴巴庞大的流量优势，推出众筹板块，更容易吸引用户。淘宝众筹上成功的项目有很多，其中最经典的项目，当属“阿里聚土地”，用户通过网络认购土地的使用权，获得土地上产出的农作物。这种新奇的众筹模式，受到了不少淘宝用户的支持与欢迎，活动取得圆满成功。

从上述网站的运营经验我们不难看出，无论是做硬件的点名时间，还是做文化创意的追梦网，或者是做商业项目的众筹网，他们运营的模式基本都是提供“平台+服务”。

众筹这个市场，在BAT等互联网巨头进入后，获得了更为庞大的用户流量，或许这将会催生出更多优质的众筹团队，为企业的发展提供更多的选择。

第八章

把握媒体营销的新动向

伴随着移动互联网的大发展，信息交互变得越来越简单、越来越频繁，话语权也在渐渐发生着转移，每位互联网用户都拥有了发表意见的便利条件。由此，渐渐产生了一种新兴的媒体形式，即自媒体。其中一些知名度较大的自媒体渐渐具备了一定的商业影响力，呈现出快速发展的态势。

一个全新的自媒体营销时代

随着移动互联网的兴起，每个人都可以成为话题的中心，数十亿网民缔造了一个全新的自媒体时代。

每当提及自媒体，周围的人总是会有很多的看法，讨论用户口味转变的有之，讨论改变用户获取信息的渠道的有之，讨论公关新玩法的有之。

在这众多的论调中，讨论传统媒体人该怎么办的声音却很少。但我们无法否认的是，在这个全新的自媒体时代，传统的媒体人究竟该怎么做，直接影响着他们下一步的发展。为什么这么说呢？我们可以看一看身边的例子。

小张十年前在北京某知名报社任职，时任新媒体总监，负责手机报与网站。虽然他所负责的新媒体版块广告销售收益只占报社总收益的一小部分，但他感觉到这种新兴媒体是必然的发展趋势。小张希望报社能够增加资金投入，但报社考虑到这个版块只是让报纸锦上添花的副业，故而没有增加投入的打算。小张建议多次无果，数月后跳槽到了电子商务行业，现在，小张已经成为行业大拿。

小李是一位年轻的财经媒体编委级人物，他对传统媒体的制度有自己的独到见解，比如，他认为很多独家内容其实不必长篇大论，只要两百个字就能说清，但记者为了多拿稿费往往会将消息强行写成上千字的文章。小李尝试推行新媒体改革，但他发现改变传统媒体困难很大，不得已只能选择离开。

小王是一家小报的记者，数月之前开始在网上发表一些文章，立场鲜明，观点精辟，在网上的反响很不错。网友对他写的文章做出分析、判断并补充线索，其他媒体人做出解读或者驳斥。根据网友的反馈，小王对文章内容是否需要继续写下去，有了准确的判断。这种全新的创作流程，让小王摆脱了传统媒体写作的弊病，体会到了新媒体时代写作的畅快。如今，小王已经辞去了小报记者的职务，选择到一家新媒体机构去任职。

从这三个阅历完全不同的媒体人身上，我们不难发现，不管是因为何种原因接触了新媒体，一旦他们与新媒体有了交集，就会渐渐爱上新媒体。

因为工作的关系，我也曾接触过不少的媒体人。在这些媒体人中，那些头脑灵光之辈，大多都在考虑转型的问题。而在微信、微博等信息传播渠道更加丰富的今天，一个全新的自媒体营销时代已经到来。所以，目前这股传统媒体人向新媒体人转向的潮流也是前所未有的强烈。

在这个人人思变的自媒体营销时代，微信、微博的兴旺带火了粉丝圈，传统媒体转型也如同箭在弦上，不得不发。在互联网业界，几乎所有人都已经意识到：自媒体正在兴起。

一位在全国五百强企业中任职的中华区高管这样说："今年，我们将会在市场推广费用清单中首次加入自媒体。"他为什么会做出这样的决定呢？这是因为自媒体营销已经成为大势所趋。

首先，自媒体是一种有立场、有观点、有粉丝、有鲜明情感的表现形式。那些自媒体"意见领袖"对粉丝所产生的影响力，往往比某些专业机构更强，二次传播的能量也更强。

其次，自媒体大量涌现，有不少见解独到的"高手"吸引了大众的注意。这其实也宣告着大众媒体独领风骚的时代已经成为过去，更有个性、更有新鲜感的自媒体吸引了人们的目光。在这个时代，虽然传统的媒体也在尝试发出不一样的声音，但是碍于庞大的传统机制，这种改变是非常困难的。

自媒体简单快捷的信息传递方式显然比传统媒体更具优越性。

最后，微信、微博等新技术的出现，使自媒体的影响力被不断地放大。拥有数千个订阅者的微信公众号，其价值或许要远远高于之前拥有数万点击量的博客。与博客相比，微信、微博所聚拢成的粉丝圈，拥有更强大的传播能量。

自媒体的发展趋势不可阻挡，想更好地利用自媒体做好营销，我们需要做好很多事情。一般说来，优秀的自媒体大多会这样做：

第一，要让粉丝感觉到你是一个活生生的人。

自媒体虽然被称为媒体，但其背后却是一个个情感鲜明的人在运作。每个人都应该有正常的情感表达，应该有情绪。不管是"罗辑思维"里的罗振宇还是"国民岳父"韩寒，他们在嬉笑怒骂中都展示出了最真实的自己，让粉丝感觉到，他们是在与一个活生生的人互动，而不是面对一个冰冷的屏幕。

第二，说话一定要接地气，切忌复制粘贴，生搬硬套。拼凑的东西很难让别人买账，对于自媒体人来说也是如此。所以，想要利用自媒体开展营销，所发表的言论一定要足够接地气，让粉丝能够与你产生共鸣。

第三，给自媒体贴上独一无二的标签。

如何成为优秀的自媒体

比如，你是职场达人，能够解决很多职场人士的困扰；你是超级奶爸，能够给那些新手爸爸们指点迷津；你是青年的心灵导师，能够给青年创业者以一定的思想启迪；你做VC（创业投资）比较成功，能够给那些有志于创业的人有价值的意见与建议。给自媒体贴上独一无二的标签，才能吸引粉丝，便于营销工作的展开。

在这个全新的自媒体营销时代，你只有知道它为什么会成为一种趋势，才会努力去适应这种趋势；你只有知道如何做好一个自媒体，才能在激烈的自媒体营销之中脱颖而出。

微信、微博、自媒体，打通自媒体传播链

在大众传播时代，提起媒体营销，人们就会想到报纸、杂志、电视、广播等。在互联网时代，提起媒体营销，人们就会想到新浪、搜狐、腾讯、百度等网络媒体。在社会化媒体时代，提起媒体营销，人们就会想到微信、微博、自媒体。如今，微信、微博、自媒体已成为社会化媒体的三大巨头，成为企业必选的媒体营销平台。

微信

微信改变了人们的通信习惯，改变了企业的传播习惯，使营销从普遍撒网转向针对目标群体，让营销变得空前地快捷精准。如今，微信在社会化营销领域占据了半壁江山，拥有几亿的用户。正是因为它聚集了庞大的用户，企业纷纷选择微信营销，并取得了超出预期的传播效果和经济收益。

微信是企业进行移动互联网营销的最佳入口。微信拥有几亿用户，能为企业带来无限商机，越来越多的企业积极利用微信平台进行社会化营销。企业采用微信进行营销的成功案例很丰富，如杜蕾斯、星巴克、小米、招商银

行、南航、天猫，都是利用微信营销，获得了众多的粉丝群，使产品和品牌得到了迅速的传播。

“我画你猜”的游戏，受到很多用户的喜爱，玩这个游戏成为微信用户的一种时尚，想必大部分微信用户还对这个游戏记忆犹新。“我画你猜”是1号店精心策划的一个微信营销活动。1号店通过这个活动取得了微信营销的成功。

2013年，1号店搞了一次微信营销活动，这个活动的名字叫“我画你猜”。1号店在自己的微信公众账号上推出“我画你猜”游戏，每天给用户推送一个图画，让用户猜。用户猜中后，在1号店的微信里回复了就可以获得中奖机会。通过游戏的趣味性和奖品来吸引用户的关注，让用户参与互动。

要参与“我画你猜”的游戏，非常简单，总共就三个步骤：首先用户关注1号店的官方微信；其次，用户接受1号店每天推送的一幅图画；最后，猜出答案，并把答案回复给1号店。

猜对而且回复答案最快的用户就会获得1号店精心准备的独特礼物。当用户赢得了礼物，就会把这样的美事分享给自己的朋友。如此，1号店就可通过用户的传播，形成口碑，迅速出名。

1号店利用“我画你猜”的游戏进行微信营销，以很低的成本获得了用户的关注，提升了自己的粉丝质量和活跃性，使自己的品牌得到了迅速传播，一举取得了微信营销的成功。

企业采用微信营销，首先要有自己的微信公众账号，其次在用户基数很少的情况下需要物质激励。物质承诺不能画饼充饥，需要说到做到，才能赢得用户的信任和关注，进而参与互动、自觉传播。只要用户愿意传播品牌，企业就会快速获得大量用户。

微博

营销专家常常说“微信营销和微博是一对孪生兄弟”，它们可以独自做事，也可以组合起来做事。微信和微博组合起来，常常会爆发出巨大的力量。采用微博营销是企业营销必不可少的一种方式。微博营销具有超强的传播力量和系统化的运营特性，受到了企业家的欢迎。商家都争先恐后地进驻微博营销平台，利用微博充分传播产品和品牌，微博营销走红一时。电影文化产业纷纷利用微博宣传电影，助推票房。2013年赵薇导演的《致青春》，利用微博营销取得了成功。

2013年春季最令年轻人激动的电影非《致青春》莫属，同时，《致青春》也成为微博营销的热门话题。

《致青春》上映日期是在2013年4月底。该电影在开机时就已经建立了《致青春》的新浪官方微博。制片方在微博上发布《致青春》拍摄过程的动态信息，比如在选拔演员的时候，《致青春》微博上发布信息：“招募一名该电影的群众演员，出演神秘角色，能跟‘主创’人员亲密接触。”制片方在新浪微博上公布了详细的参与方式，激起了人们对该电影的参与热情。通过《致青春》的微博、主创赵薇的微博、主要演员的微博，把《致青春》的信息迅速传播出去，并快速积累了18万粉丝。《致青春》上映后，以光线传媒和赵薇为核心的娱乐媒体圈开始在微博上火热地传播《致青春》的相关话题。赵薇的圈内好友纷纷参与《致青春》话题讨论，还有一批让观众意想不到的人也参与了《致青春》的相关话题讨论。黑马良驹在《致青春：一场引爆社交网络的周密策划》中说："赵薇的影视界朋友黄晓明、韩红、陆毅等来助阵、捧场是意料之中的事情，但是令人吃惊的是草根圈的天才小熊猫、宗教界的延参法师、商业圈的史玉柱、文化界的张小娴都参与了微博营销。我粗略地计算了一下几个参与转发的微博大V，仅仅24个账号，就引来近3.7亿的粉丝，在没有去重的情况下，相当于80%的微博用户参与了《致青春》话题。"明星参与互动为《致青春》吸引了大量的粉丝。网友主动传播"有一种友情叫作赵薇和黄晓明"、"是不是长得好看的人才有青春"等话题，极大地调动了粉丝的互动热情，也为《致青春》微博营销做出了重大贡献。

《致青春》上映12天就获得了5亿元以上的票房业绩，而这部影片制作成本仅为6千万元。毫无疑问，《致青春》的微博营销成功了，赚得盆满钵满。

微博营销注重价值观的传递，如《致青春》传递了对大学时光、青春岁月的怀念；注重内容互动，比如在影片的筹拍、开机、上映时和粉丝互动。微播营销还需要有系统的布局，如《致青春》通过四个阶段来布局：第一阶段是预热，剧组给"壹基金"捐款50万元；第二阶段主要依靠专家写影评；第三阶段靠明星大V助阵；第四阶段靠主创赵又廷参与微访谈。微博营销还需要准确定位，该影片受众定位有两类人：感伤早已逝去的青春的人和对即将逝去的青春感到遗憾的人。可见，微博营销要成功一定要精心策划。

做微博营销，要有耐心，要坚持不懈，才能收到显著的效果。只要你能做到用对待一日三餐的态度做微博营销，离成功就只有一步之遥。

自媒体

自微信、微博这两个社会化媒体被普遍应用之后，自媒体在社会化媒体中崭露头角。

互联网赋予了个人更多的力量，个人的话语权越来越大，个人借助移动互联网的微信、微博平台，就可以传播资讯，给企业和品牌做代言人。罗辑思维的创始人罗振宇曾经说"一切产业皆媒体"，认为在自媒体时代，人人都是媒体。他说，SOHO中国的CEO潘石屹，就是企业的自媒体。潘石屹为自己的企业做产品宣传、品牌传播，把自媒体营销玩到了极致。

SOHO中国董事长潘石屹是一个善于运用自媒体做商业宣传的人。潘石屹开博客、玩微博、拍微电影、做展览等，这些活动都吸引了许多的眼球，给潘石屹带来了巨大的能量。潘石屹自己说他是一个拥有千万粉丝的微博自媒体。潘石屹在社会化媒体中的高曝光率和活跃性，使他成为自媒体时代的明星。

潘石屹发挥了明星的影响力，成为SOHO中国的形象代言人，为自己的公司传播品牌和宣传产品。罗振宇说，他认识潘石屹多年了，潘石屹也认识很多传统媒体人，但是他们这些老朋友挣不到潘石屹的广告费。因为潘石屹本人就是自己企业的自媒体，他根本不用花广告费。

潘石屹通过自己在互联网上的曝光率以及活跃的微博参与度，俨然成为一个自媒体，为自己的公司做着低成本的推广，担当着自己企业的最佳形象代言人。如果说要评选一个价值最高的自媒体，我认为非潘石屹莫属。

很多企业领导都在努力地做自媒体的角色。其实苹果的前任CEO乔布斯就是一个自媒体。苹果公司每一次新品发布会，他都会以独特的方式宣传苹果的产品，一直努力做苹果的形象代言人，使苹果这个品牌传播到了世界各国，并树立了良好的品牌形象。小米的CEO雷军也是一个自媒体。他成为小米最好的品牌代言人，使小米迅速树立起自己的品牌，让小米手机销量持续增长。

相对于西方发展迅猛的自媒体，国内的自媒体尚处在起步阶段。国内自媒体虽然空前火爆，但是也凸显出门槛低、良莠不齐、信任度不高等令人忧虑的问题。

微信的最大特点就是超强的互动性，微博的最大特点就是超强的传播性，自媒体最大的特点就是既能够传播资讯，又能够制作资讯。三者组合起来会发挥出让人意想不到的营销作用。

微信、微博、自媒体已经成为社会化营销的主要阵地。企业可以根据自身的需要，利用好这些媒体平台，这样就会乘风破浪地前进，航行得更快更远。

社会化营销成为传播最佳途径

移动互联网给个人和企业带来了越来越多的商机，而微博、微信带给人们前所未有的便捷沟通，让人们拿着手机就可以做生意。采用社会化媒体做营销，成为企业重要的营销方式，社会化营销毫无疑问地成为企业传播产品信息、推广品牌的最佳途径。

企业常常采用的社会化媒体营销手段有微博营销、微信营销、视频营销、SNS（社交网络服务）营销、博客营销等。社会化媒体营销是网络营销中效果最佳的方式之一。社会化媒体营销传播效果好，覆盖的人群广，提升品牌知名度快，并且成本很低，在社会化媒体时代，成为最有效的传播途径之一。

社会化媒体营销不仅具有网络媒体传播不受时空限制、传播内容具有多媒体特性、传播信息可带来后续效应的传播优点，还有三个独特的优点。

社会化媒体营销的优点之一，是通过其超强的互动性，可实现企业与用户的零距离沟通。社会化媒体的兴起，让人们真正地体验到了互动的超强传播力。网络媒体具有互动性，但是互动不及时。社会化媒体解决了企业与用户互动的持续性、及时性问题，实现了企业与用户的零距离沟通。在社会化媒体时代，企业一般都有自己与客户互动的平台，比如微博企业账号、微信公众账号等。在这些社交平台上，用户反馈信息可以得到企业的回复；企业可以了解到用户的诉求，及时地改善产品和服务，实现畅通的交流，实现了企业与用户的友好互动，塑造了企业的品牌形象。企业能利用社交平台与用户建立友好关系，用户就会把企业当作朋友，为企业义务宣传产品，企业也可以从中获得巨大的价值。

社会化媒体营销的优点之二，是实现企业的低成本营销。利用社会化媒体，企业可以获得低成本的市场调查结果，用很低的成本建立起自己的宣传团队。苹果、小米都是用很低的成本，培养了自己的宣传队伍。苹果有庞大的“果粉”团队，每款产品发布都会得到忠实的“果粉”热捧；小米有几百万的忠诚的“米粉”团队，为小米产品义务传播信息，只要小米有新产品上市，他们就会把产品消息传播给自己的“圈中人”。这种传播几乎不需要成本，还实现了小米手机的畅销。假如没有社会化媒体，小米要组织专门的营销团队做产品宣传，营销成本肯定会剧增，小米手机的销售价必定会比现在高，用户也会减少，销量也不会增加。在这个价格透明的市场环境中，正如国美广告所说的“卖得贵你就输了”。所以企业不妨认真探索社会化营销，大幅降低自己的营销成本，提高产品和品牌的传播效果。

社会化媒体营销的优点之三，是可以精准定位目标用户。用户参与社交网络互动，就会在社交网络中留下自己的踪迹。很多用户个人资料中的信息，可以让企业了解到用户的职业、年龄等基本情况。用户分享的内容、发布的信息、评论的内容等，都体现着用户的爱好兴趣、购买能力、消费习惯。企业掌握了用户这些信息，就能找到目标用户，做到精准营销、高效传播，促成高成交率。在移动互联网的潮流中，使用移动终端的社交用户越来越多。此外，移动互联网具有地理位置特性，使社会化媒体营销既能做到精准定位目标用户，又能做到精准定位用户的地理位置，这无疑极大地提升了社会化媒体营销的传播效果。

社会化媒体有超强的传播力，优点显而易见，但是也有不尽人意的地方。社会化营销让企业的正面新闻传得更快更远，也会令企业的负面信息传得更快更远。社会化媒体传播负面信息的速度不可思议，而且呈无中心、几何式裂变扩散，这极大地考验着人们对负面信息的控制能力。人们面对负面信息常常显得无能为力，最拿手的就是删除信息。但是，在浩瀚的互联网中，删除数量庞大的信息却是一件复杂的事情。在网站上，删除负面信息主要通过网站负责人、论坛版主进行操作，但是在像微博、微信这样传播量超大的平台，仅靠删除已发布的信息，无疑是杯水车薪。一旦用户在传播的过程中对信息进行编辑和转发，仅靠删除源头信息无济于事。想要彻底删除负面信息，无疑是大海捞针，还需要付出巨大的人力和财力。社会化营销对负面信息难以控制，导致了现在的公关危机需要争分夺秒地去处理突发状况，晚一分钟，就会让负面信息扩散几倍。

企业和个人在运用社会化营销的时候，一定要谨慎地发布信息，尽量把负面信息扼杀在摇篮中，预防负面信息的流出，努力利用社会化营销传播企业和产品的正面信息。这样才能让社会化营销为我所用，为企业的品牌传播、产品传播服务。

社会化营销的六个关键点

社会化营销已经成为越来越多的企业首选的产品营销方式和品牌传播方式。在运用社会化营销的过程中，企业要想快速地传播品牌，取得良好的经济效益，需要把握社会化营销的关键点。

根据已有的社会化营销专业知识和自己的经验，我归纳总结了社会化营销的六大关键点，即：了解各个社会化媒体平台的亮点，了解企业需求，选准企业的目标用户并留住目标用户，不可忽视视频这个社会化媒体，社会化媒体营销效果评估和制定社会化媒体营销战略。

社会化营销的关键点之一：了解各个社会化媒体平台的亮点。

选择比努力更重要。企业采用社会化营销，最重要的是要选对社会化媒体。要选择最合适自己的社会化媒体，首先要了解社会化媒体的种类及优点，要考察社会化媒体，熟悉社会化媒体平台上的用户特点、数据使用状况、使用习惯等。目前，主要的社会化媒体平台有微博、微信、视频、豆瓣等。社会化媒体主要的使用方式有留言板、短文、照片分享、评论、软文、投票等。现在很多企业都采用微博、微信，因为这两个媒体，能够把企业的产品信息快速传播给用户。于是，微博、微信成为时下最流行的社会化媒体平台。

社会化营销的关键点之二：了解企业的需求。

企业只有了解自己的需求，才能有的放矢地做营销。企业必须掌握自己的产品定位、消费者需求、竞争对手的特点等。此外，还需要了解企业的财力、人力，才能选择最佳的社会化媒体。

社会化营销的关键点之三：选准企业的目标用户，并留住目标用户。

花钱吸引众多粉丝关注，可他们未必就是目标用户，有可能是"僵尸粉"（虚假粉丝）。所以，寻找目标用户，光用钱砸行不通。需要从内容优质的"软文"、短文入手。通过发挥创意把企业产品信息、品牌信息、优惠信息、图片信息组织成有趣、优质的短文，只有用户愿意分享、转发、点评短文，才能吸引更多的目标用户来关注。找到目标用户，是社会化营销的起点，要想成功，必须留住目标用户。留住目标用户，有一个简单的方法——坚持不懈地与用户互动，在互动中培养友好的关系，完成畅所欲言的沟通。互动可以采用投票活动、免费赠送活动等方式。在与用户互动的过程中，企业还要随时观察用户的反应、了解他们的兴趣，以便控制互动效果，避免负面的互动效果。

社会化营销的关键点之四：不可忽视视频这个社会化媒体。

视频的最大优点能够把文字、声音、图片汇聚在一起，能够多方位地传达企业的产品信息，能够给用户留下深刻的印象。现在很多企业都开始尝试视频营销，很多企业很看好视频平台优酷，因为优酷不仅是一个视频媒体，还是一个社交媒体。研究者发现视频媒体能够提升目标用户的忠诚度，同时让企业的网页搜索排名也得到了极大的提升。视频营销将成为未来社会化营销中的明星。

社会化营销的关键点

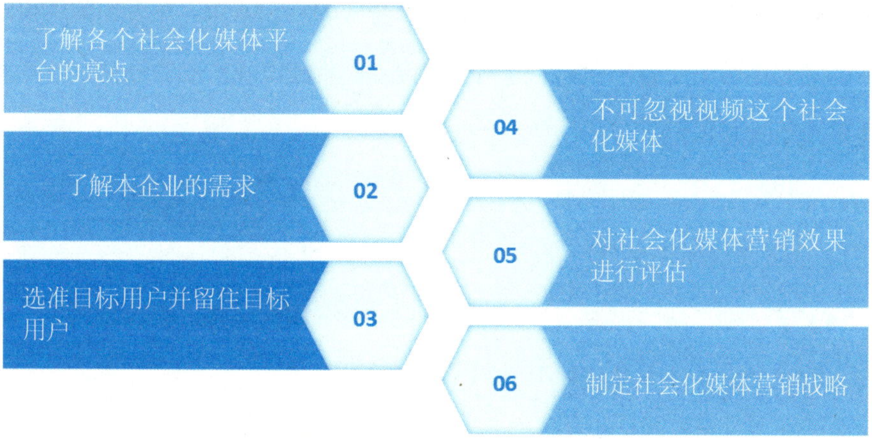

社会化营销的关键点之五：社会化媒体营销效果评估。

过去人们采用点击量、转发数、粉丝数量这样粗放的评估方法，并不能准确获得评估结果。进入社会化媒体时代，社会化媒体营销既重视点击量和粉丝数量等，又考察有效点击量和互动量，还要考虑顾客咨询量和用户转化量。通过这几个方面来评估营销效果，结果更准确。对社会化营销效果进行评估，有一个简单的方法——评估每篇短文，统计它的分享率和转发率，并把转发率作为重中之重的指标评估，转发率越高说明社会化媒体营销的效果越好、营销越成功。反之，则效果不好，营销失败。

社会化营销的关键点之六：制定社会化媒体营销战略。

采用社会化媒体做营销要有一个系统的战略，这个战略必须与品牌定位、发展方向、核心理念匹配。企业在制定社会化媒体战略的过程中要明确各阶段的目的，比如是为了提高品牌知名度还是为了做公关。还要明确各阶段的目标，比如想获得多少粉丝，想完成多少销量。还要明确采用哪些社会化媒体，在每个社会化媒体中投入多少财力和时间。

掌握社会化营销的这六个关键点，你就会在产品营销和品牌传播的过程中，胸有成竹，掌控全局，从而达到自己想要的营销效果。在市场营销中，你能娴熟地运用社会化营销的这六个关键点，就能实现产品的畅销，就能迅速建立品牌的知名度。

社会化营销，打好网络平台战

做社会化营销需要借助社会化营销平台。当前著名的自媒体都有自己的主要作战平台。潘石屹的自媒体阵地是微博平台，罗振宇的自媒体阵地是微信平台。有的企业会选择微信和微博组合的平台，如优衣库的“双微营销”。越来越多的企业借助大的媒体平台，提高自己的品牌知名度，加快产品信息的传播速度。这促使各大平台商打起了平台之战，争夺优质资源，来增强自身的竞争力。

苏宁是互联网浪潮中转型快速的企业之一，对互联网的发展趋势有高度的洞察力。苏宁易购电商平台上线之后，经过三年发展就冲进B2C行业的前三名。虽然排名不错，但是，苏宁云商的负责人孙为民发现，苏宁的电商平台并没有赚到钱，经过调查，他发现在电商行业摸滚爬打十来年的企业正在遭遇盈利困难的危机。

苏宁经过深入研究及回顾自己的转型过程，终于找到了破解电商盈利困难的钥匙，那就是做一个电商平台，并打造一个开放的电商平台。苏宁最大的优点就是反应迅速，决策也迅速。就在同一年，苏宁云商打“免费牌”，大张旗鼓地招揽商家，拉开了开放平台之战的序幕。2013年9月25日，苏宁易购执行副总裁李斌在苏宁云商的开放平台华南区招商大会上表示，苏宁开放平台，走的是“自贸区”模式，并称之为开放平台3.0。苏宁开放平台3.0之举，掀起了平台激战，矛头瞄准的是天猫、京东等电商巨头。

京东的CEO刘强东早就觉察到商业发展的趋势必然是平台之战。

2013年2月16日京东商城新一轮7亿美元的融资顺利完成。刘强东在给公司内部人员的邮件里提到“京东所有的业务都要平台化，未来的商业之战必然是平台之战”。此次7亿美元的融资，京东计划用于公司运营、未来投资、发展新业务和继续完善物流体系等方面。

京东具有超强的融资能力，2007、2008、2011、2013年分别融资1000万美元、2100万美元、15亿美元、7亿美元，融资总额度约23亿美元，打破了中国电商融资的记录。此次7亿美元融资到账，京东CEO刘强东向公司的人员发邮件时透露，京东的现金储备已经超过了150亿美元。他还强调，未来京东将陆续开放网络、物流、信息系统，还积极规划金融平台业务。他还声称：“未来商业竞争必然是平台之战，平台之战的深层是价值之战。”换句话说，如今的商战，换了一种方式，变成了平台之战。

苏宁云商此次推出“开放平台3.0”，无疑打乱了京东开放平台的计划。但是，京东会更加周密地布局自己的平台之战。

百度也看到了未来商战的趋势，积极布局自己的平台。2013年12月14

日，百度百家（原来称百度自媒体平台）正式上线。百度百家自媒体平台主要是聚合优秀的文章稿件，采用广告分成的方式帮助自媒体（投稿作者）变现。“百家自媒体平台”对自媒体伸出了橄榄枝。投稿的作者不用缴纳任何费用，只需要发挥自己的聪明才智创造出好内容，吸引用户即可。“百家自媒体平台”上已经有作者仅仅通过一篇文章，就获得了2000元的广告分成。作者除了可以获得广告分成，还可以让自己的稿件与时政新闻并列在一起。因为百度新闻网站上第一个就是“百家”。所以那些才华横溢的青年才俊既可以获得不错的物质收入，又可提升自己的名气。对于百度来说，这样做既能盈利，又能获得一批阅读用户。百度百家自媒体平台增加了百度的用户数量、用户黏度，毋庸置疑，也增强了百度的综合竞争力。

腾讯也陆续开放了自己的平台，如QQ空间平台、QQ游戏平台和微信平台。QQ游戏平台的开放，丰富了QQ游戏产品，为腾讯带来了众多游戏用户，还给腾讯带来超过十亿元的真金白银，增强了腾讯游戏的优势。特别是微信平台，为腾讯带来了大量的有效用户，成为腾讯的核心竞争力，更增强了腾讯的综合竞争力。

京东、天猫、百度、腾讯、当当网等开放自己的平台，丰富了自己的资源，更是为未来的平台战做准备。

大商家纷纷打平台战，打平台战必须要开放平台，吸引优质的商家前来进驻，为自己的平台汇集优质资源。业内人士曾经总结说：“如果做平台是打仗，品类就是兵。”要打胜仗，就需要有高素质的兵、足够的兵。所以，平台商要打赢平台之战，必须开放自己的平台，丰富自己平台上的产品品种，提升产品的品质，最好能邀请品牌商加入，以便快速增强自己的平台竞争力。

平台是社会化媒体营销的阵地，所以采用社会化营销避免不了平台战。众多的平台商开放平台，都是为了招兵买马，壮大自己平台的力量，力图在未来的商战中打赢平台之战。

让我们一起进入自媒体时代

随着传统媒体报纸、广播、电视、杂志等在传播品牌和商业信息时的话语权逐渐弱化，利用互联网工具进行信息传播的普通大众的话语权被放大。用户由过去被动地接收信息，逐渐向信息的生产者转变。用户逐渐掌握了话语权，在品牌传播、企业传播中发挥的影响力越来越大。普通大众逐渐有了媒体的传播属性，被互联网媒体的专业人士称为自媒体。

自媒体的价值越来越大，以罗振宇的“罗辑思维”为例，“罗辑思维”成立时不仅声势浩大，而且拥有108万会员，光收取的会员费就有几百万元。“罗辑思维”的超强变现能力，引起了互联网业界人士的关注和思考。IT经理人王冠雄，对“罗辑思维”很重视，他曾说过：“‘罗辑思维’的价值估计已经超过1亿元。”这震惊了互联网媒体界，震惊了整个商业界。人们都开始思考“一个自媒体价值1亿元”的命题。

“一个自媒体价值1亿元”是“大忽悠”，还是名副其实？业内人士对此有过研究。

罗振宇2013年两次发起史上"最无理"的会员募资活动。第一次仅用6个小时就筹到了160万元的会员费；第二次仅用24个小时，就筹到了800万元的会员费。罗振宇能够发动粉丝，一下子筹集到如此多的现金，令业内人士惊叹不已。人们惊叹他的粉丝的忠诚，也惊叹自媒体的价值。当王冠雄曝出"罗辑思维"估值1亿元时，有人相信，有人质疑。

王冠雄认为"罗辑思维"的本质是"社群电商"，以此为核心形成了一个拥有上百万人的粉丝社群。商业区都设在人流聚集的地方，人口众多的地方就能形成商业区，就能做生意。"社群电商"正是利用上百万的粉丝来做生意。有了上百万人的粉丝社群，无论从事电商经营，还是搞商业活动、品牌赞助、C2B定制，都有相当大的的商业空间。

听过王冠雄的分析，还在质疑的人，不妨耐心读下文。"罗辑思维"估值1亿元并不夸张。将"罗辑思维"作为一个企业看待，现在它的运营成本很低。它在推广上花费很少，主要通过会员的口碑传播。它的主要任务就是生产好的内容和管理粉丝。从其发展模式上看，它的产品的毛利率超级高，它每年上千万元的收入，可视为其利润。而且它不断拓展收入渠道，照这样发展下去，给"罗辑思维"估值1亿元毫不夸张。"罗辑思维"火了，与小米当年的火很相似，事实证明了小米成功了。相信"罗辑思维"的价值也会得到证明。

像"罗辑思维"这样的自媒体能够获得1亿元的估值，虽然这不能直接等同于1亿元的现金，但是足以说明这样的商业模式具有很高的市场价值。"罗辑思维"一旦找到好的商业项目，就能获得投资者巨大的现金支持，就能够制造惊人的财富奇迹。

第九章

未来20年，产业风口在哪里

大数据、云计算、物联网，带来了一个全新的移动互联网时代，在这个时代，社群经济、共享经济、族群经济爆发出了强大的发展潜力。一大波创业者借助互联网大发展的潮流，融入创新、创业的队伍。

产业互联网化已经成为一种趋势，不管是哪个行业，在这种趋势之下，要么被互联网化，要么被互联网淘汰。站在风口上，才可能扶摇直上，在互联网大发展的未来淘金。

产业互联网时代来临

在过去的20年中，互联网改变了人们的生产和生活，营造出了一个"消费互联网时代"。但是，互联网的影响虽然巨大，一些传统的行业，如医疗、教育、金融，乃至社会组织却并没有被互联网彻底改变。

现在，一个崭新的移动互联网时代来临了，所有的行业、规则、思维都面临着被互联网改变的命运。跨界行为此起彼伏，产业链条不断调整，所有的行业、所有的产业都面临着前所未有的挑战。

因此，有专家预言，在未来的20年中，所有的行业都会面临一个前所未有的机会。行业被重组，规则被改变，思维被打破，这昭示着一个全然不同以往的"产业互联网时代"正在到来。

在互联网飞速发展的二十年里，互联网产业涌现出了许多优秀的企业，这其中以BAT（百度、阿里巴巴和腾讯）为典型代表。它们分别在搜索、电商与社交领域独占鳌头，这也代表消费互联网时代企业发展已经达到了顶峰。

从互联网经济的发展角度看，消费互联网市场已经渐渐趋于饱和，而对实体资源有着极强掌控能力的企业却依然有很大的探索空间。这些企业开始尝试着与移动互联网融合，以期创造全新的商业价值，进而推动互联网行业向产业互联网时代迈进。

产业互联网的兴起是一种趋势，其迅速发展有着不可或缺的社会基础。

第一，终端、云计算与宽带网络的发展，为产业互联网的兴起提供了条件。

伴随着移动互联网的发展，移动终端的发展也渐趋多样化，各种智能终端、可穿戴设备也不断地出现。与此同时，大数据、云计算的处理能力不断增强。互联网不但改变了消费者的个体行为习惯，而且渐渐改变了企业的运作管理方式与服务模式。在这场颠覆性的变革中，有三项关键技术对产业互联网时代的到来影响深远。

首先是智能终端。智能手机与平板电脑等智能终端的兴起，不断延长人们每日虚拟化的在线时间，而类似谷歌眼镜、智能手环等智能产品的出现，更是让人们的二十四小时都有终端设备陪伴。智能终端设备不断涌进人们的生活，在某种程度上，意味着个人的信息将会被二十四小时不间断地传输到中央系统。而拥有大量数据之后，云计算又会将这些数据进行有效的处理，通过数据的关联性分析出相匹配的数据，从而将大数据的作用充分发挥出来。

其次是不断完善升级的宽带网络。宽带网络在传递大数据信息的过程中起着非常重要的作用。对于企业的发展而言，这将有助于产业互联网时代企业的数据快速传输。

再次就是不断发展的云计算技术，这为企业提供了更低成本的传感器、数据存储以及更加强大的数据分析能力，这些都有力地推动了产业互联网时代的发展。

第二，产业互联网与消费互联网有着明显的差别。

产业互联网与消费互联网最明显的差别主要体现在两个方面。

首先是用户主体不同。消费互联网主要针对的是提升个人用户在消费过程中的体验，而产业互联网则主要是以服务生产者为主，通过在生产、交易、融资与流通等各个环节的网络渗透，达到节约能源、提升效率的目的。

其次是发展动因不同。消费互联网之所以能够获得迅速发展，主要是由人们生活体验所带动的，比如在阅读、出行以及娱乐等诸多方面的改善，使消费互联网体系变得更加完善、更加便捷，而产业互联网则是在生产、资源配置与交易效率提升的过程中被不断推进的。

与消费互联网的"眼球经济"商业模式不同，产业互联网的商业模式主要是以"价值经济"为主。也就是说，它是传统企业与互联网融合以后，寻求全新的管理与服务模式，从而为消费者提供更好的服务体验，创造出更高价值的产业形态。

第三，与产业互联网紧密相关的三大领域发生变化。

首先是生产和制造体系的变化。随着用户地位的不断凸显，以用户为导向的个性化设计模式逐渐受到商家的重视。产业互联网在与传统企业融合过程中所呈现出来的最大特点，就是将原本以企业为导向的批量设计转向以用户为导向的个性化设计。从产品的功能研发到产品的包装设计，每一个环节都可以借助互联网与用户建立起联系。在有效互动的基础上，形成更加有效的产品设计方案。产业互联网更加强调用户的参与程度，更加提倡用户的个性化诉求。

其次是销售物流体系的变化。在产业互联网时代，线上线下一体化几乎已经成为一种必然趋势。据可靠数据显示，越来越多的传统行业为了节省资源与时间，在分销采购方面已经渐渐侧重B2B的交易方式。与此同时，企业也越来越重视线上平台的建立与完善，在B2B业务不断扩大的基础上，企业大量业务开始由线下向线上转移。

最后是融资体系的变化。产业互联网时代的到来，导致市场的重新洗牌，很多中小企业在时代的风口冒出头来。然而，在传统的融资体系中，银行借贷往往动力不足，这就使得众多的小微企业得不到及时有效的金融服务，从而极大地影响了中小企业的发展。

产业互联网时代的到来，让互联网金融有了发展的土壤。互联网金融以其超低的成本、超高的效率为中小企业的发展提供了融资的便利。

在产业互联网时代的影响下，各行各业的经营模式都在悄悄地发生变化。在这个时代，能够顺时而动的企业才能成为残酷的市场竞争中最后的赢家。懂得与时俱进的企业，才会在不断的创新与创造中，赢得更加美好的未来。

私人定制，成为未来消费趋势

随着移动互联网的发展，商家与用户之间的互动变得越来越频繁和简单，由此渐渐催生了一种新兴的消费模式——私人定制。

流行文化的代表，如时装、休闲文化（如旅游、度假、广场舞、体育休闲、文化休闲等）都开始与私人定制接轨。而消费文化随着私人定制的发展，也逐渐盛行起来。毫无疑问，私人定制将会成为未来消费的一种趋势。

私人定制服装逐渐盛行，私人定制的旅游随处可见，私人定制的影视作品热度不减，私人定制的图书也崭露头角。电影《私人定制》的播出，更捧红了"私人定制"，推动了一种全新的消费观念。

越来越多的女性发现，即使你穿着国际品牌的服装也有可能出现撞衫的尴尬，于是人们开始理性对待奢侈品，不再盲目追逐奢侈品。在服装方面，人们更加青睐合身、有自己的创意和个性的服装。私人定制服装开始赢得人们的深深喜爱，正在生机勃勃地发展。

旅游休闲文化也开始盛行私人定制，私人定制的旅游线路随处可见。过去人们旅游，尤其是到国外旅游都是旅游公司决定去什么旅游景点、每个景点游览多久。去的景点虽然多，但大多是走马观花，游客感觉时间很紧迫，一点儿也体会不到旅游的乐趣。通过私人定制的旅游方式，人们就可以选择自己想去的景点、想住的酒店、想吃的饭菜。旅游公司会根据用户的要求，规划出属于用户自己的旅游线路，这样的旅游方式就让用户有轻松愉悦的感觉，可以尽情地享受旅途的快乐，欣赏沿途的风景。

私人定制旅游，用户往往看重的是旅游的过程和旅游的体验。北京的白领张先生一直想和家人一起舒适地旅游一次，在朋友的推荐下他到某旅游公司为自己和家人定制了一次私人旅游。他把自己想去的旅游景点、中意的酒店、喜欢的交通方式告诉旅游公司。旅游公司结合自己的旅游产品，为张先生规划了一条旅游线路。张先生接到旅游规划时，觉得此线路是完全按照自己的想法做的，很满意，就报了名。旅游归来，张先生和朋友分享了他的旅游感受："跟家人一起出去旅游，很新鲜、很温馨，我的身心得到了极大的放松。"他还回忆起过去跟团旅游的情景："行程紧张，每天都像坐车在赶路，上车睡觉，下车拍照，很累，一点儿也不放松。"张先生说："这次选择私人定制旅游，我们一家人一个团，到每个景点玩多久，都可以自己做主。私人定制旅游让我在整个旅游的过程中都无拘无束，自由自在，无限放松。"

2015年10月，上海的刘先生和妻子向某旅游公司定制了海南游，比跟团游的价格高两三千元。对此刘先生表示："我们多花了两三千元，但是所有的景点、酒店都是我们自己选择的，无拘无束、获得了完全放松的心情和无限的愉悦。我觉得这样的旅游物有所值，那种开心和放松是两三千元买不到的。"

通过私人定制旅游，用户能够轻松自在，完全放松，达到休闲的目的。它的价值显而易见，这也是私人定制旅游受用户青睐的原因。但是，私人定制的旅游要比跟团旅游贵出两三千元，是不是人人都能接受？就看你更看重的是价格还是体验的过程。如果你看重的是旅游的体验，享受私人定制给你带来无限的轻松，你就会觉得超值。

私人定制旅游尚处在探索阶段，相信随着它的发展，它在价格方面也会逐步调整。经济实惠的私人定制旅游不是不可能出现的。

私人定制，促进了旅游休闲文化的发展和流行。越来越多的人们利用节假日放松心情，选择专属于自己的私人定制旅游，拉动了属于流行文化的旅游休闲的发展。

不仅仅是旅游可以定制，衣食住行等方方面面，皆可定制。移动互联网的大发展，让用户与商家的互动变得更为简捷，这就为私人定制的发展提供了必要的条件。可以预见，在不久的将来，私人定制或将成为消费者所钟爱的一种时尚的消费方式。

时尚产业：流行的生活态度，让你看得见

生活中我们评论某人很时尚，往往针对的是看得见的服装、服饰、发型等。因为服装、服饰、发型最直观地展现了人们对流行生活的态度。当然，除了服装、服饰、发型，还有许多可以体现人们时尚理念、流行生活态度。

时尚可分为三个层次，最基本的是时尚个人用品，如服装、美容美发、珠宝首饰、箱包皮具等；也有家居时尚用品，比如现代风格的家居装修、实木家具等；最高层次的是时尚化环境工程，比如时尚社区、时尚街区、时尚城市等，这些共同构成了时尚产业的内容，成为时尚产业永恒的主题。

如今韩国的时装、化妆品很流行，吸引着全球消费者的眼球，令其他国家从事服装、化妆品的企业家百思不得其解。深圳市钟表行业协会秘书长朱舜华针对此现象评论说，韩国服装、化妆品在全球火爆流行，与韩剧的流行有直接的关系。我们都知道，韩剧在中国很受欢迎，看韩剧也成为人们生活中的娱乐消遣之一。这些年来，韩剧并不是在单枪匹马闯荡中国市场，而是一直在卖文化、卖服装、卖设计元素。怪不得越来越多的年轻人都说，要想

提前知道下一季的时尚潮流，不可不看韩剧。韩剧中的人物服装、发型、饰品、手机、电脑、家具等都引领着时尚潮流。

韩国的时尚潮流在整个亚洲时尚领域占据着举足轻重的位置，在世界时尚领域也有一席之地。韩国服饰风靡全球，足以证明韩国时尚的发展高度。韩国根据时尚对国家产业进行定位，让全球欣赏和喜欢“韩风”产业的从业人员也随之而动。

现在国内很多创业者，乘着韩国时尚的“东风”，积极发展韩风时尚产业，如韩版服装、韩版发型、韩国化妆品等。众所周知的淘宝品牌韩都衣舍，在互联网潮流中脱颖而出，就是因为看到了时尚产业的前景，积极发展时尚服装，从而获得了源源不断的利润。

在20世纪末，韩都衣舍的创始人赵迎光到韩国首尔工作，有机会接触了韩国的时尚。在21世纪初，他决定要把时尚引进中国，创办了具有韩风、时尚、创意元素的互联网时尚品牌韩都衣舍。他创办韩都衣舍的初衷是为了给都市时尚人群提供高品质的流行服饰。

他把韩国的时尚资讯和流行元素第一时间引进来，让中国的时尚人群在第一时间了解到原汁原味的韩国时尚群体的生活态度和流行风尚，有机会享受到时尚服饰，展现自己对流行生活的积极态度。

韩都衣舍在发展的过程中，充分了解经济发展的潮流，用互联网思维做品牌经营。韩都衣舍了解互联网经济的特点——内容为王，只有具备独具特色的内容才会脱颖而出，于是韩都衣舍的服装都经过创新，充满了创意，而且以用户的个性化需求为基础进行创意。

韩都衣舍在某种程度上是服装创意的引领者，在营销上也积极发挥创意。基于产品小组制的单品全程运营体系，成为韩都衣舍独创的经营模式和核心的竞争优势。产品小组独立核算，独立经营，韩都衣舍在这种独特的经营模式下获得了成功，这种经营模式被清华大学选入了MBA（工商管理硕士）教学案例库。韩都衣舍最大的特点就是与时尚为伴。它把韩风的时尚因素带到了中国，让年轻的用户实现了紧跟时尚的梦想，让他们变得更加自信，让他们的生活变得更加丰富、更加精彩。

韩都衣舍在满足用户对时尚的需求的同时，发挥了创意，不仅获得了很多利润，而且获得了惊人的发展，在天猫、京东、唯品会等平台上，2012、2013年连续两年荣获女装销量冠军，成为著名的淘宝品牌、互联网时代的璀璨明星、时尚的领头羊。

韩都衣舍在创业之初就立足于时尚产业，凝聚了互联网思维的元素、创意的元素、时尚的元素，在这三者的合力作用下，碰撞出了灵感的火花，具备了强大的竞争力，从而在互联网时代，成为时尚女装的代表，成为韩风时尚领先品牌，成为中国最知名的互联网时尚品牌之一。

时尚服装算得上是时尚领域的主要行业，此外时尚化妆品、时尚造型、时尚饰品、时尚家居、时尚社区、时尚城市等，共同构成了时尚产业，丰富着时尚产业的内容，推动着时尚产业的发展，共同打造着时尚产业的光明前景。

时尚产业的目的是使人们享受越来越美的生活。时尚产业成为微利时代的经济发展趋势，具有光明的前景。时尚产业能够缔造出大企业，能够演绎财富神话。随着移动互联网的发展，这种时尚迭代的速度会越来越快，人们对时尚的追求也会越来越高，这会在一定程度上刺激时尚产业诞生越来越多的新秀。

在产业互联网大发展的时代，人们对流行的态度将会变得越来越明朗，这种追求时尚的态度，是可以看得见和感觉到的。所以，在这样的趋势下，时尚产业如果能够顺时而动，把握住消费者的需求，就能在这个时代获得更好、更快的发展。

生态农业：绿水青山就是金山银山

“绿水青山就是金山银山”是习近平总书记十年前首次到浙江安吉考察时提出的关于生态农业发展的科学论断。

十年来，浙江省的历任省委、省政府都在坚持这一发展方针，认真描绘生态农业的蓝图，将生态农业的发展融入当地的经济建设、文化建设当中。

如今的浙江省将“创建生态省、打造绿色浙江”纳入到浙江省的发展规划当中来。一直以来，如何处理好经济发展与环境保护之间的关系，是浙江这个经济大省、资源小省需要面临的问题。

如今，伴随着移动互联网的发展，如何实现可持续发展更是成为摆在浙江人民面前的一个重要课题。在这个重要课题面前，习近平主席提出的“绿水青山就是金山银山”理论无疑让人眼前一亮。

2002年12月，到浙江工作不久的习近平同志在主持省委十一届二次全会时提出：“积极实施可持续发展战略，以建设‘绿色浙江’为目标，以建设生态省为主要载体，努力保持人口、资源、环境与经济社会的协调发展。”

在习近平同志的大力推动下，浙江先后实施了"十大重点工程"、"811"环境整治行动和循环经济"991行动计划"，生态建设已经成为浙江经济建设与文化建设的重中之重。

响应党中央的号召，这些年来浙江率先在经济转型的过程中打起了"组合拳"，"五水共治"、"四换三名"、"四边三化"、"三改一拆"等政策的推出，为"绿水青山就是金山银山"理念的落地铺平了道路，推动了浙江生态大省建设的深入发展。

在这种政策的影响下，生态农业的理念迅速推广至全国。挖掘本地特色产业、发展生态农业成为全国各地经济发展的一种新趋势。民宿、隐墅模式成为在这种趋势中崛起的新秀。

2015年8月，"首届民宿乡村论坛"在浙江温州举行。在论坛上，台湾南投县民宿观光协会理事长彭成裕作为民宿模式的代表发表了自己对民宿经营的看法："我在当地是第一家经营民宿的，当时村里的其他项目还没开发。但民宿不等于卖房间，我除了为游客提供食宿外，还尝试开发当地的甘蔗田，打造西红柿采摘园，晚上让大家聚集在户外烤地瓜等，挖掘这些本地的特色，使游客游玩的过程变得十分充实。"

彭成裕是台湾成龙山庄民宿的经营人，接触民宿模式与其个人经历有着很大的关系。1999年台湾发生"9·21"大地震，彭成裕的父亲回到家乡重建家园，修建了一幢独立的民宅。入住之后，房间仍有空余，于是家人便开始试着经营民宿。

如今彭成裕的民宿附近有近一公顷的甘蔗田，游客最喜欢做的事情就是去田里拔甘蔗、学酿酒，“酒庄”也由此成为民宿最大的经济支柱。

台湾民宿从最初的以住宿为主，发展到后来衍生出的民族风情、人文艺术、怀旧文化以及田园乡村等主题模式，民宿越来越具地方特色。

在论坛上，彭成裕还给温州的民宿经营者们提出这样的建议：“（民宿）还要结合当地的山水、人文、农特产等开发，让不同的村镇都拥有自己的特色，拉长产业链条，发展乡村旅游。”

台湾民宿模式给我们的启示是深刻的，利用好农村中闲置的农房、土地及老物件，就能有效地形成农村的生态产业链条。比如，我们在前面章节中曾经提到的隐墅模式，通过对村落既有房屋进行修复、设计及提升改造，将都市的时尚与乡村的文化相融合，最终打造出有创意的生活社区，使乡村的资源被重新利用起来，盘活了农村的生态体系，让古老的农村也焕发出了新的生机。青山绿水被人们创意的双手点石成金，变成了金山银山。

生态农业所展现出来的潜力是巨大的，在"互联网+"时代，在人人都在不断萌生新创意与新想法的时代，企业若能选准生态农业发展的着力点，就有可能创造出更美好的未来。

文化消费：时尚餐饮，创意消费

随着人们精神文化水平的提高，人们对生活质量的要求也在逐步提升。以餐饮为例，目前很多消费者在吃的问题上，已经不再是单纯以填饱肚子为目的，而是更加讲究就餐的环境及餐馆的品位。

由此，以“俏江南”为代表的新型餐饮模式在餐饮市场上逐渐蔓延开来，这种新型的餐饮模式更加注重环境、时尚、品位、个性、文化和优质的服务。不少餐饮企业凭借着这种时尚的经营理念，在“互联网+”时代闯出了一片天地。比如“雕爷牛腩”、“很久以前”等餐饮业新秀，靠着时尚的店面、时尚的餐具、时尚的就餐环境，赢得了消费者的好感，抓住了大批粉丝的心，在互联网时代赢得了自己的一席之地。

在这个文化创意不断滋生的时代，餐饮企业只有跟上时代发展的脚步，不断创新经营理念，不断打造时尚的产业链条，才能将那些热衷于追求时尚的用户吸引过来，让自己的企业长久地立于不败之地。

“俏江南”式的追求时尚消费的餐饮模式已经渐渐成为餐饮行业的一种

流行趋势，不少时尚的餐饮企业因为掌握了时尚的精髓，成功地占领了餐饮市场。

目前的餐饮市场中，很多以餐饮文化为主题的餐厅也如雨后春笋般冒了出来。繁多的名目、层出不穷的花样不断刷新着人们对餐饮行业的认知。

越来越多的餐饮企业经营者已经意识到，在这个不断变化的时代，如果不能跟上时代发展的脚步，就会遭到无情的淘汰。

对于所有想在互联网时代有所发展的餐饮企业经营者来说，读懂文化消费的内涵，跟上时尚餐饮发展的脚步，满足消费者对就餐环境、感觉、视觉、味觉等方面不断提高的要求，就是眼下向时尚餐饮企业转型的必然要求。

传统的餐饮企业面临着前所未有的挑战，如果不懂得创意的文化消费，就可能会在餐饮行业全新的洗牌过程中被淘汰出局。

一般来说，餐饮店在选址的时候多会选择一些繁华的地段，比如宾馆、写字楼、CBD（中央商务区）沿线、高档公寓、外企旁边。这些地段的人群消费层次高，人员素质也相对较高，对用餐的环境、文化氛围、服务质量以及品位都有一定的要求。

正因如此，餐饮企业才要与时俱进，尽快转变经营思想和经营方式，对经营环境、服务水平、运营方式与管理体制进行变革，争取搭上时尚餐饮的快车，从文化消费的潮流中淘到金子。

在众多的餐饮企业中，七合轩芝士肋排加盟连锁店显得不太起眼，但就是这个看起来不起眼的餐饮连锁店，在时尚餐饮领域却非常受欢迎。

七合轩芝士肋排加盟连锁店的创建者阿杰是一个拥有远大梦想的中韩混血青年。阿杰是位"80后"，曾经在北京一家很火的韩国料理品牌

“火炉火”任餐厅经理。

随着工作经验日益丰富，阿杰瞅准了韩国料理在中国流行的趋势，于是决定充分发挥自身的优势，开始创业。经过一番精心的准备，阿杰创办了自己的韩国料理餐饮品牌——七合轩芝士肋排。

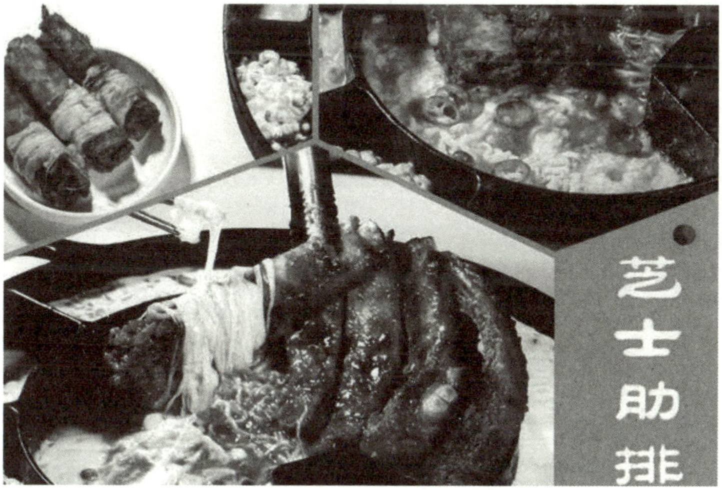

七合轩芝士肋排经营的是最正宗的韩国风味。在创办这家店之前，阿杰曾在市场上做过广泛调查，了解到了芝士肋排在韩国非常受欢迎，于是决定将其引入中国。

七合轩在国内餐饮界是第一次试水，阿杰对食品的原材料以及调料等要求非常严苛，所有的原材料和秘方几乎都来自韩国，保证了口味的正宗。凭借着正宗的口味，芝士肋排店很快吸引了大批顾客。芝士肋排店大受欢迎，阿杰渐渐萌生了开加盟连锁店的想法。

凭借着丰富的经营管理经验，阿杰为加盟店制定了详细的加盟规则。从原材料的采集到食品的加工，再到门店的选址与装修、员工的培训与管理，几乎方方面面都有涉及。

阿杰所制定的加盟规则，体现了现代化的餐饮管理理念。七合轩芝士肋排加盟连锁店渐渐发展壮大，从一家到两家，从两家到四家……如今，很多城市都能看到七合轩芝士肋排加盟店的身影。

由于一开始的定位很精准，后期的管理也很完善，几乎每一家加盟七合轩芝士肋排的连锁店都获得了丰厚的回报。现在，越来越多的加盟商已经表露出了想要加盟七合轩芝士肋排连锁店的意向。

从这个成功的餐饮案例中，我们不难看出，未来人们在餐饮领域的消费将不会仅仅局限在"吃饱"这个层面上，而是更加注重文化内涵与就餐品位。顺理成章，时尚餐饮中必定需要加入流行文化的元素，这对餐饮企业来说既是创新，也是进一步发展的必由之路。

体育产业：健康与运动创造无限商机

互联网大发展的时代，商机在哪里？其实，只要用心观察，我们就可以发现，很多商家或企业已经凭借敏锐的嗅觉找到了商机之所在。

比如，随着人们对健康的重视，各种健身养生馆如雨后春笋般冒了出来，能够记录人们的健康状况的各种智能手环不断闯进人们的视线，各种与运动相关的活动迅速地火遍了网络。

在传统行业不断与互联网接轨的时代，体育产业已经成为各企业发展的又一个机遇，显示出诱人的商机。之所以这样说，并不是无的放矢，而是有着事实的依据。

国家卫计委发布的一组最新数据显示，在中国经常参加锻炼的成年人仅为18.7%，超过八成的中国成年人处于“运动不足”的状态。

美国“运动是良医”咨询委员会主席罗伯特·萨里斯在第四届全民健康生活方式大会上发表讲话时说：“由于身体活动量不足，所导致的慢病负担正在急剧上升，运动不足正在成为一种全球范围内的‘流行病’，目前已经成为威胁大众健康最重要的原因之一。”

美国艾奥瓦州立大学的罗宾·舒克博士则提醒广大民众，超重和肥胖并非是由某种食物导致，而是由多种因素引起的，其中最重要的一个因素就是运动不足。舒克博士还表示，简单地降低能量摄入，即节食，虽然可以让受试者在短期内降低约25%的体重，然而，一旦受试者饮食恢复正常，体重就会迅速反弹。解决这个问题最好的一种方式就是运动，运动可以改善心肺功能，增加消耗能量比较高的肌肉，从而有效控制体重，保持身体健康。

而萨里斯还表示：“运动对于几乎所有慢性病的预防、治疗都有益处，包括降低许多疾病的死亡率等。同时，研究发现，较之运动不足的病人，经常参与运动的病人在医疗花销方面少支出近30%。”

专家对运动为人们身体健康带来的益处给予了“重量级”的评定，越来越多的人开始意识到运动是保持健康的免费“良药”。

在这种趋势的影响之下，国家卫生计生委、中国记者协会等联合发起，由可口可乐（中国）赞助支持的中国健康知识传播激励计划（吃动平衡、走向健康）发起“碎片时间微运动”倡议。与此同时，不少专家和名人也纷纷提倡上班族应该利用碎片时间运动起来。

专家对运动与健康的重视，在社会上造成了相当大的影响，越来越多的人开始对自己的健康问题给予更多的关注。越来越多的人在工作的间隙拿出一部分时间来进行运动，也有一部分人开始使用一些健康监测产品，比如运动手表和智能运动手环，等等。

2015年5月25日—27日，在上海举办的CESA亚洲消费电子展上，有一款智能可穿戴设备出尽了风头，这款设备就是Cling智能可穿戴设备。

这个曾经赢得了众多厂商与媒体关注、屡获好评的智能手环生产商即将推出最新一代的顶级穿戴设备——Clingband。

该设备曾加入过京东众筹的大军，在京东众筹的平台上获得了圆满的成功。而支持者们将有机会以低于市价很多的价格获得Clingband手环。

这款智能手环设计精妙，能让更多的人体验到智能可穿戴设备给人们的运动健康所带来的巨大变革。

Clingband可穿戴设备拥有24x7人体感知系统，通过光学心率传感器，我们能够非常清楚地获悉热身运动、脂肪燃烧以及心肺强化、肌力强化四个区间的心率耗时分析；借助高精度温度传感器，可对三大区间的手腕表层温度进行分析，进而达到全天候检测用户体表温度变化的目

的；通过此款设备的数据分析，用户还可以知晓自己在跑步、爬楼梯或是骑自行车等特定运动模式下的热量消耗情况。

当外面的天气不适合做户外运动时，手环会自动探测紫外线的指数，并发出预警，避免用户在运动的过程中遭到阳光灼伤。

智能手环、智能穿戴，这些健康与运动领域的产品正在不断地涌现。这些可穿戴设备不仅拥有强大的功能，而且在设计方面也非常时尚，如配有无边框的屏幕、纯色优雅的腕带、高传感器集成盖板、金属搭扣等。这些令人眼花缭乱的智能可穿戴设备，已经不仅仅代表一种时尚，而是真切地改变了我们的运动与生活。

以智能可穿戴设备及健康运动为主的体育产业，也开始焕发出勃勃生机，为那些充满创意和梦想的人们指出了一条全新的道路。

儿童产业：儿童消费是商场客流的发动机

调查显示，儿童消费占家庭总体消费的10%至40%。

林女士的女儿三周岁，每月消费3700元，林女士与丈夫每月共消费5000元，全家人共消费8700元。孩子的消费在整个家庭消费中占43%。

尽管孩子自己不直接消费，但是孩子的消费确实成了家庭的主要支出。所以，那些有远见的企业家总结出一句话："消费国度，儿童至上。"在市场中，企业家如果以儿童为服务对象，就能轻松地赚到钱，获得细水长流的利润。于是，越来越多的企业家、风投家开始关注儿童产业。

儿童产业与创意结伴，才能在互联网经济中，获得游刃有余的发展。从事儿童产业的企业家都知道，儿童的世界五彩缤纷。要想吃到儿童市场这块蛋糕，离不开创意。从某种程度上讲，儿童产业是文化创意产业的组成部分，儿童产业本身就具有创意的基因。

很多经济学家都认同这样一个观点，在中国最好赚的钱就是女人和儿童的钱。在现在的家庭中，除了父母愿意为孩子的消费埋单，爷爷、奶奶、姥爷、姥姥也愿意为孩子消费，从而捧热了儿童产业，如流行的儿童室内乐园、儿童摄影、儿童食品、儿童服装，等等。乐友在发展儿童产业上，就取得了很大成就。

乐友一直朝着儿童用品产业化的方向发展，为人们提供儿童购物服务。乐友购物中心有儿童服装、玩具、食品、生活用品、影像制品等，已经成为我国商品最丰富的网上儿童用品超市。

乐友在营销上发挥了创意，采取了"网站+目录+专卖店"三位一体的模式，获得了很好的销售业绩。目前，乐友已在北京、天津、沈阳、西安、廊坊、青岛、咸阳、石家庄、成都9个城市拥有200余家连锁店。乐友最开始是建立连锁店，在21世纪初的互联网大潮下，乐友2000年正式上线，受到了高盛、中经合的青睐，获得了这两家风投的340万美元融资。但是乐友电商并未迅速发展起来，一直到2003年，乐友电子商务才有了转机。除了连锁店和电子商务，乐友每两个月发行一次直投邮购目录。于是形成了乐友独有的"网站+目录+专卖店"三位一体的商业模式。

但是，乐友并没有充分重视电子商务和目录，把这二者只当作乐友的宣传途径，一直把经营的重点放在实体店上。乐友负责人认为，通过网站和目录销售只能增加知名度相当高的儿童产品购买量，主要是奶粉和纸尿裤，可是这些产品的价格透明、利润低。像童车、服装等高利润的产品，顾客都会谨慎下单，通常愿意亲身体验了才埋单，于是在乐友开设了实体店的城市，实体店的销售量基本可以占总销售量的七成。

乐友为了适应儿童更高层次的消费需求，经过精心创意，在北京旗舰店增加了很多儿童产业，如儿童摄影、儿童健康咨询、儿童游乐、亲子活动、护理讲座等。此外，为了满足客户个性化需求，乐友根据客户的购物习惯，设计了三种类型的店铺：第一种是最基本的店铺，面积小，选址一般在社区，主营顾客急需的奶粉、纸尿裤等；第二种是综合店，面积600至1000平方米，可以实现顾客一站式购物；第三种是体验店，面积达两三千平方米。

乐友这种“网络+目录+专卖店”三位一体的商业模式，使它在儿童产业中取得了一定发展，但是要得到突破性的发展，还须不断整合资源。

乐友的发展，为中国儿童产业的发展积累了宝贵的经验。

儿童产业是一块巨大的蛋糕，儿童产业拥有巨大的市场和商机。中国儿童产业研究中心主任张远萌在接受《第一财经日报》采访时说：“我们估算整个产业（儿童产业）的规模大致在1万亿元左右。”调查显示，中国0到12岁的儿童数量约两亿人，平均每个儿童年消费大约5000元。这么庞大的儿童群体，形成了儿童产业市场的基础，成为儿童市场发展的巨大动力，也显示出儿童市场的无限商机。

正如国际投资顾问熊天恩所说：“由于中国儿童人口规模很大，如果有一家专注于儿童必需品生产的企业做大做强，它的规模完全有可能超越强生、迪士尼等国外知名品牌。”这更加增强了儿童投资家、企业家的信心，他们坚信凭借中国儿童的人口规模，充分发挥创意，专注中国国内市场，完全能在儿童产业中抢到蛋糕。

中国儿童产业才发展了十几年，就初具规模，准入门槛不断提高。过去儿童产业门槛低、投机性强，如今做儿童产业的生意可不能马虎，稍不用心就会被市场淘汰。现在的儿童产业中，除了教育和医疗，绝大多数行业是非垄断的竞争性行业。强烈的竞争，让儿童产业成了一朵带刺的玫瑰，看起来很美，做起来却很难。此外，还遇到了迪士尼、强生等外资品牌的挑战。迪士尼儿童产业，不仅在全球儿童产业市场中占有很大的市场份额，在中国的儿童服装、儿童玩具行业中也占有重要位置。所以，中国的儿童产业更要做足功课，发挥创意，才能获得不断发展。

进入互联网时代，越来越多的企业家认识到企业要持续发展，一定要选对路，选对行业。企业家也认识到，赚少数人的大钱，不如赚多数人的小钱，认识到企业的发展一定要有巨大的消费群体。中国有近两亿的儿童群体，这些儿童都需要吃饭，都需要穿衣，但是只有经济水平高的家庭的儿童，才有书籍、教育、动漫、网游的需求。换句话说，所有儿童必须要有吃的和穿的，但是可以不看书、不看动漫、不玩网游。儿童食品、儿童日用品的市场是整个中国，而儿童动漫、儿童教育等新兴儿童产业的市场目前仅仅局限在发达的城市。所以，风投家在儿童食品、儿童服装、儿童鞋帽等生活用品方面，会拥有广阔的市场，会获得更高的投资价值。

伴随着全面二孩政策的放开，儿童产业将会迎来新的消费高潮，母婴产品、儿童益智产品、儿童吃穿等领域都会出现巨大的利润空间。与此同时，独一代渐渐长大，亲子游学领域也展现出了巨大的商机。就比如湖南卫视一档比较火爆的电视节目《爸爸去哪儿》，潮爸萌娃的组合带动了很多的旅游景点及当地的美食文化。

随着中国儿童人口的不断增加，儿童产业也显示出巨大的商业潜力，儿童消费将会成为推动经济增长的重要力量，成为未来20年经济发展的重要机遇。